図工科授業サポートBOOKS

指導計画から
授業展開まで
よくわかる！

小学校新学習指導要領

図画工作科

題材 ＆ 授業

プラン

岡田 京子 編著

明治図書

まえがき

　本書は，平成29年に告示された新学習指導要領を踏まえた指導と評価についてまとめたものです。

　私は，この３月まで，文部科学省と文化庁の教科調査官，国立教育政策研究所の教育課程調査官を務め，全国各地の研究会や研修会等において，授業の参観，指導講評，講演などをしてきました。

　全国どこに行っても，子供のよりよく生きようとしている姿が見られ，それを支え続ける先生方の姿に，子供へのそして図画工作への愛を感じました。言葉では言い表せないほどの，感謝とそして尊敬の気持ちでいっぱいです。

　そして，特に新学習指導要領の移行期間に感じたのは，先生方が学習指導要領や学習評価について，しっかり理解し，その上で目の前の子供に向けた指導について，自分で考えたいという思いを強くもっているということです。抱えきれないくらいのたくさんの仕事がある中で，自分できちんと学習指導要領を理解したうえで指導をしたいという気持ちをもっている先生方がたくさんいるということは，心強いばかりです。

　新学習指導要領も小学校では令和２年４月に全面実施となり，３月には国立教育政策研究所から学習評価についての参考資料も示されました。

　新学習指導要領に基づいた実践も，数多くみられるようになってきたことから，改めて新学習指導指導要領と新学習指導要領に基づいた実践とをまとめたものをつくり，先生方の「知りたい」「理解したい」に応えたいと考えました。

　本書は第１章と，第２章で構成されています。

　第１章では，『図画工作科の授業づくりと評価のポイント』を説明しています。

　「１　図画工作科の目標」では，新学習指導要領における図画工作科の教科の目標の説明と，柱書きに書いてある内容や，どの学校種のどの教科等も育成を目指す資質・能力を（1）「知識及び技能」，（2）「思考力，判断力，表現力等」，（3）「学びに向かう力，人間性等」で整理

されたことから，目の前の子供が成長してどんな学びをしていくかが見渡せることについて述べています。

「2　新学習指導要領に基づいた授業」では，内容や構成などが変わったこと，子供の姿を基に学習指導要領が作成されていることや学習の過程を重視していることなど，子供を大切に育てるということは変わらないことについて述べています。

「3　指導計画作成の考え方」では，中教審芸術ワーキング，学習指導要領，学習評価，各種調査等の委員を歴任された，京都市立西京極西小学校の中下美華校長先生に，考え方や例を示していただきました。京都市立西京極西小学校は，平成31年度の国立教育政策研究所の研究指定校として，新学習指導要領に基づいた指導と評価に真摯に取り組みました。学校の研究を踏まえた指導計画の考え方となっています。

「4　題材設定の考え方」では，題材とは何かということから，その題材で学習指導要領のどの内容を指導すればよいのか，題材設定で大切なことなど，題材という視点で指導について述べています。

「5　評価の考え方」では，新学習指導要領に基づいた学習評価について，観点の趣旨，内容のまとまりごとの評価規準，題材の評価規準などについて述べています。この考え方を基に，第2章における題材の評価規準などはつくられています。

第2章では，『図画工作科題材＆授業プラン』として，低学年から高学年までの題材を，様々な地域の先生方から提案していただきました。

先生方とやりとりをしながら，新学習指導要領に基づいた題材の目標や評価規準として示すとともに，できるだけ子供の様子を語ってもらうような構成にしています。

各地域で，新学習指導要領に基づいた授業研究を積み重ねるうちに，題材の目標や題材の評価規準の文言などはそれぞれの先生の言葉になっていくと予想していますが，ここでは学習指導要領の内容のどこを踏まえているかが分かる形にしています。学習評価の，「指導に生かす評価」や「記録に残す評価」については，紙幅の関係で全て掲載していませんが，考え方はご理解いただけるのではないかと思っております。

新学習指導要領の趣旨の実現は，各学校の実践にかかっています。

本書がそれぞれの学校や地域で活用され，充実した図画工作科の時間の一つの手立てとなれば幸いです。

2020年8月

岡田　京子

CONTENTS

第2章 学年別 図画工作科題材＆授業プラン

第1章

図画工作科の授業づくり
と
評価のポイント

1 図画工作科の目標

1 図画工作科の教科の目標

　表現及び鑑賞の活動を通して，造形的な見方・考え方を働かせ，生活や社会の中の形や色などと豊かに関わる資質・能力を次のとおり育成することを目指す。

(1)　対象や事象を捉える造形的な視点について自分の感覚や行為を通して理解するとともに，材料や用具を使い，表し方などを工夫して，創造的につくったり表したりすることができるようにする。

(2)　造形的なよさや美しさ，表したいこと，表し方などについて考え，創造的に発想や構想をしたり，作品などに対する自分の見方や感じ方を深めたりすることができるようにする。

(3)　つくりだす喜びを味わうとともに，感性を育み，楽しく豊かな生活を創造しようとする態度を養い，豊かな情操を培う。

　これが平成29年に告示された学習指導要領における図画工作科の教科の目標です。教科の目標は，小学校教育として，図画工作科が担うべき役割とその目指すところを総括的に示しています。

　これまでの目標と比べると長くなったと感じる方も多いでしょう。実際長文になりましたがそれには理由があります。

　今回の学習指導要領の教科の目標は，その教科等でどのようなことを学ぶのかを示すとともに，育成を目指す資質・能力を三つの柱で整理して示しているからです。

　まず，「柱書き」と言われる，最初の文があります。ここには「どんな活動を通して」「どんな資質・能力を働かせて」「どんな資質・能力を育成することを目指すのか」ということが示されています。図画工作科では，表現と鑑賞の活動を通して資質・能力の育成を目指します。表現と鑑賞の活動ももちろん行いますが，かいたりつくったり感じ取ったりすることを目指しているのではなく，それらの活動を通して資質・能力の育成を目指すのです。

　その際「造形的な見方・考え方」を働かせることが重要となります。「造形的な見方・考え方」は，「感性や想像力を働かせ，対象や事象を，形や色などの造形的な視点で捉え，自分のイメージをもちながら意味や価値をつくりだすこと」であると考えられます。この「造形的な見方・考え方」を子供が働かせることのできる授業にすることを指導者が心がけ，そしてこの

視点で自身の授業を振り返ることが大切です。そして「生活や社会の中の形や色などと豊かに関わる資質・能力」が，図画工作科で育成を目指す資質・能力です。誰もが生きていくのに必要な資質・能力を，義務教育である小学校の図画工作科で育成を目指すということです。

　そしてその下に（1），（2），（3）とありますが，（1）は「知識及び技能」に関する目標を，（2）は「思考力，判断力，表現力等」に関する目標を，（3）は「学びに向かう力，人間性等」に関する目標を示しています。具体的には，（1）の「知識及び技能」は，前半部分は「知識」，後半部分は「技能」に関するものです。（2）の「思考力，判断力，表現力等」は，主に「A表現」を通して育成する「思考力，判断力，表現力等」である発想や構想と，「B鑑賞」を通して育成する「思考力，判断力，表現力等」である鑑賞とで構成されます。（3）の「学びに向かう力，人間性等」は，態度とともに，つくりだす喜び，感性，情操とで構成されます。

2 他教科などの目標も確認を

　子供は様々な教科等の学習を通して，資質・能力を身に付けていきます。そう考えると，一つの教科のことを理解するだけではなく，他教科等のことも理解し，まずは小学校教育全体を把握する必要があります。

　今回の教科等の目標は，分かりやすい構造になっています。先に述べた，「柱書き」には，教科等によって順序は違いますが，この内容がどの教科等にも示されています。並べて読んでみるだけで，全体がつかめます。色で分けてみれば，なお分かりやすいでしょう。（1），（2），（3）も，（1）はどの教科等でも「知識及び技能」，（2）は「思考力，判断力，表現力等」，（3）は「学びに向かう力，人間性等」に関する目標なのです。

　しかも，このことは中学校，高等学校の学習指導要領でも同じ構造です。小学校の先生が高等学校の学習指導要領を見ても，理解できるようになっているのです。

　これは，目の前の子供が成長してどんな学びをしていくかが見渡せるということです。担当している子供のそのときの学びとその先を見据えながら，今を大事にしていくことになります。今より一層，子供の「今」を大切にしていくことになるのではないでしょうか。

　教科の目標は，幼児期の子供の活動に見られるような子供自身に本来備わっている資質・能力を一層伸ばし，表現及び鑑賞の活動を通して，造形的な見方・考え方を働かせ，生活や社会の中の形や色などと豊かに関わる資質・能力を育成することを目指す観点に立っています。小学校1年生は0（ゼロ）からのスタートではありません。このことも心にしっかりと刻み，教科の目標を捉えるとよいでしょう。

（岡田 京子）

2 新学習指導要領に基づいた授業 〜変わったこと，変わらないこと〜

1 変わったこと

　図画工作科の改訂の基本的な考え方は「表現及び鑑賞の活動を通して，生活や社会の中の形や色などと豊かに関わる資質・能力を育成することを一層重視し，目標及び内容を改善・充実する」「造形的な見方・考え方を働かせ，表現及び鑑賞に関する資質・能力を相互に関連させながら育成できるよう，目標及び内容を改善・充実する」です。これに基づき学習指導要領の目標や内容が改訂されました。

　では具体的にどのように変わったのかを見ていきましょう。

○教科の目標

・生活や社会の中の形や色などと豊かに関わる資質・能力の育成を一層重視することを示す。

・育成を目指す資質・能力を，「知識及び技能」，「思考力，判断力，表現力等」，「学びに向かう力，人間性等」の三つの柱で整理して示す。

・図画工作科の特質に応じた物事を捉える視点や考え方である「造形的な見方・考え方」を働かせることを示す。

・育成を目指す資質・能力の三つの柱のそれぞれに「創造」を位置付け，図画工作科の学習が造形的な創造活動を目指していることを示す。

　教科の目標については，すでに述べていますので，最後の三つの柱全てに「創造」を位置付けたということに関してここでは説明します。

　これまでの図画工作科の教科の目標には「造形的な創造活動の基礎的な能力を培う」ということが示されていました。この「造形的な創造活動の基礎的な能力」というのは「発想や構想の能力」「創造的な技能」「鑑賞の能力」等のことです。今回の改訂では全ての教科等の目標や内容が資質・能力の三つの柱で再整理されました。教科の目標でいうと（1）（2）（3）です。

　よって「造形的な創造活動の基礎的な能力」という文言を使う場面が学習指導要領の教科の目標ではなくなったということです。しかし，「造形的な創造活動である」という，クリエイティブな側面は重要なので，三つの柱それぞれに「創造」を位置付けました。子供が自ら今までつくったことがないものをつくりだそうとする，自分にとっての意味や価値をつくりだして

いくことをどの場面でも教師は大切にしなければならないということを，ここで明確に示しているのです。

○学年の目標

> ・育成を目指す資質・能力を，「知識及び技能」，「思考力，判断力，表現力等」，「学びに向かう力，人間性等」の三つの柱で整理して示す。

教科の目標も，学年の目標も三つの柱で整理しています。

○内容

> ア　表現領域の改善
> ・「A表現」の内容を（中略）「思考力，判断力，表現力等」と「技能」の観点から整理して示す。その上で「造形遊びをする活動」と「絵や立体，工作に表す活動」の指導事項の違いを明確に示し，それぞれの活動を通して，「思考力，判断力，表現力等」や「技能」を身に付けることができるようにする。

ここは大きく変わったところです。これまでは「造形遊びをする活動」「絵や立体，工作に表す活動」として分け，その中に「発想や構想の能力」「創造的な技能」に関する事項が示されていました。まず活動を示し，そして資質・能力を示していたということです。

今回の改訂では，「思考力，判断力，表現力等」と「技能」とに分け，その中に「造形遊びをする活動において育成を目指すもの」「絵や立体，工作に表す活動において育成を目指すもの」を示しています。まず三つの柱で示した資質・能力を示し，その上で活動に応じて示しているということです。

この形にすることで，活動による指導事項の違いが明確に示されることになりました。それは，2つの活動を通して育成するのだという強いメッセージです。そちらの活動も充実しなければ子供の資質・能力は育成されないのだということです。

> イ　鑑賞領域の改善
> ・「B鑑賞」を（中略）「思考力，判断力，表現力等」の観点から整理して示す。
> ・第5学年及び第6学年の鑑賞の対象に「生活の中の造形」を位置付け，生活を楽しく豊かにする形や色などについての学習を深めることができるようにする。

鑑賞に関しても表現と同じように整理されましたが，これまで内容で示されていた「話したり聞いたり話し合ったりする」という言語活動は，鑑賞だけのことではなく表現でも行われるということや，資質・能力というよりは言語活動は学習の方法であるということなどから，内容の取扱いとして整理されました。この内容を取り扱う時に留意するということです。

そしてこれまで高学年の鑑賞の対象に「暮らしの中の作品」と示されていたのですが，例え

ば日常で使っているお茶碗は作品か？　など，「作品」という捉えでの迷いもあるという学校現場の状況から，ここは「生活の中の造形」として，身の回りの様々なものが鑑賞の対象となることが示されました。

○〔共通事項〕

・表現及び鑑賞の活動において共通に必要となる資質・能力である〔共通事項〕を，「知識」と「思考力，判断力，表現力等」の観点から整理して示す。

〔共通事項〕はこれまで資質・能力としては整理されていませんでしたが，アを「知識」イを「思考力，判断力，表現力等」として整理しました。

図画工作科で身に付ける一般的に言われる知識は，数えきれないほどありますが，学習指導要領での「知識」に関しては，「造形的な視点」に関することのみ示してます。「知識」についての配慮事項も内容の取扱いに明示されています。

2 変わらないこと

1で述べた「変わること」以外は変わっていません。その中でも特に変わらないこととしてこれからも大切にしなければならないことを，解説書の文章とともに説明します。

○子供の姿を基に学習指導要領が作成されていること

図画工作科の解説では，幼児期の子供の姿を示し，子供に本来備わっている資質・能力を一層育むという視点に立っているという宣誓のような文章があります。

児童は，幼いころから，身近な人やものなどと関わり合いながら生きている。自分の感覚や行為を手掛かりに，周りの人や身近なもの，自然などの環境に，自分から働きかけたり働きかけられたりしながら成長していく。（中略）それはやがて，表現の欲求と結び付き，自分の願いや思いを表すことの楽しさや喜びを味わうようになる姿である。（中略）これは，児童の造形的な資質・能力が自然に発揮されている姿ともいえる。教科の目標は，このような児童自身に本来備わっている資質・能力を一層伸ばし，表現及び鑑賞の活動を通して，造形的な見方・考え方を働かせ，生活や社会の中の形や色などと豊かに関わる資質・能力を育成することを目指す観点に立っている。

小学校では，子供に本来備わっている資質・能力を大事に育んでいくのです。何も知らないから，何もできないから一から教えてあげなければ，ということではないのです。しかし，子供の環境や経験は違いますから，そこも踏まえて指導する必要はあります。ここでは子供のこれまでを大事にしながら図画工作科の学習指導要領は作成されていて，子供を大切に育てていきましょうということが示されています。

○学習の過程を重視していること

　図画工作科の表現では多くの場合「作品」ができます。作品は活動の集大成ですから大切です。しかしその過程も同じぐらい大切です。子供がどのように学んでいるのかということに私たちは常に心を配る必要があり，子供も学びの過程を実感できるようにすることが大切です。造形遊びの解説の中で「つくり，つくりかえ，つくる」ということについて述べられているので見てみましょう。

> 　また，「造形遊びをする」では，児童が，つくる過程そのものを楽しむ中で「つくり，つくりかえ，つくる」という，学びの過程を経験している。児童は一度つくって満足することもあるが，つくっている途中で考えが変わって，つくりかえることもある。次々に試したり，前につくったものと今つくりつつあるものの間を行きつ戻りつしたり，再構成をしたり，思ったとおりにいかないときは考えや方法を変えたりして，実現したい思いを大切にして活動している。このような学びの過程を児童自身が実感できるようにすることが大切である。

　このような子供の学びの姿が見られるような授業づくりをすることは，造形遊びだけではなく，どの活動でも大切にされてきたことです。よって，「なお，「つくり，つくりかえ，つくる」は，広く捉えれば図画工作科の学びそのものであり，「知識及び技能」，「思考力，判断力，表現力等」のみならず，「学びに向かう力，人間性等」にも深く関わることである」と，このような学びの過程は図画工作科の学びそのものであるとしています。

　ここでは２つのことについて述べましたが，変わらないことは「子供を大切に育てる」ということです。

　内容の取扱いと指導上の配慮事項では，

・児童が個性を生かして活動することができるようにするため，学習活動や表現方法などに幅をもたせるようにすること。

・各学年の「Ａ表現」の指導に当たっては，活動の全過程を通して児童が実現したい思いを大切にしながら活動できるようにし，自分のよさや可能性を見いだし，楽しく豊かな生活を創造しようとする態度を養うようにすること。

・各活動において，互いのよさや個性などを認め尊重し合うようにすること。

について示されています。

　先生方には根底にこのような思いが流れているのだということを理解していただき，それぞれの学校で目の前の子供を見つめ続け，新学習指導要領を踏まえた授業を行ってほしいと願っています。

（岡田　京子）

3 指導計画作成の考え方

　図画工作科の指導では，図画工作科の目標に基づいて年間指導計画を立て，見通しをもって指導することが重要です。

　作成に当たっては，まず図画工作科の目標，学年の目標を確かめる必要があります。6年間を通してどのような資質・能力を育成するのか，そのために，第1学年及び第2学年，第3学年及び第4学年，第5学年及び第6学年と2学年ごとにどのような資質・能力を育成するのかを指導者は理解する必要があります。その際，「知識及び技能」，「思考力，判断力，表現力等」，「学びに向かう力，人間性等」の三つの柱で資質・能力を捉えることが重要です。

　次に各学年で育成を目指す資質・能力を念頭において，これまでに学校で作成してきた年間指導計画を土台にして，教科書を基に指導の関連書籍等を参考にしながら子供たちが学習する題材の内容を考え，選択し配列することになります。

　題材の内容を考える際に留意したいのが，一つ一つの題材の内容が子供の実態に合ったものになっているかということです。子供がすでに身に付けている資質・能力を生かしながら，さらに学習を通して新たな資質・能力を身に付けることができる内容になっているかという視点をもつことです。また，発達の段階に応じた活動の対象や場所，適した材料や用具であるかということも考える必要があります。各学年の配当時間数を踏まえた上で，一つ一つの題材について何時間で扱うことが子供の活動の様子に合うのかといった時間のまとまりを考えることも大切です。各題材の授業時数については，工作に表す内容が絵や立体に表す内容とおよそ等しくなるように留意する必要があります。

　各学年の目標を確認して年間で指導する題材のおよその内容を考えられたら，次は，一つ一つの題材の指導内容を丁寧に設定していきます。本書では，例えば，学年のまとまりごとに（1）「知識及び技能」，（2）「思考力，判断力，表現力等」，（3）「学びに向かう力，人間性等」をそれぞれに柱立てて示しています（P16〜P21参照）。例では，（1）は，知識と技能に関することの二つに，（2）は，発想や構想，鑑賞（鑑賞が入る場合），イメージに関することの三つに分けて示していますが，三つの柱をそれぞれ1文で示したり，柱立てをしないで示したりすることなども考えられます。年間を通して各学年の目標に基づく全ての指導内容が盛り込まれるようにする必要があります。

　各題材の配列を考える際に留意したいのが，「絵や立体，工作に表す」，「造形遊びをする」，

「鑑賞する」内容の題材をバランスよく配列することです。同じ学年であっても学年の始めと終わりとでは，子供たちの発達や学習経験が大きく違うことに配慮して配列する必要があります。特に，学年の始めは前学年での子供の学習状況を踏まえて学年間のつながりを意識することが大切です。６年生では，中学校につながっていくことも視野に入れておく必要があります。また，取り扱う材料や用具についても，いつの時期にどのような題材で経験することが適切に扱うことにつながるかに留意する必要があります。その他にも，題材を配列する際には，学習に適切な季節や活動場所，他教科等や学校行事，地域行事との関連等にも留意する必要があります。年間指導計画作成の折に，各種コンクールや作品展等への応募時期が気になるという声を聞くことがあります。コンクールや作品展に追われて子供が活動に取り組むということがないように，資質・能力を育成することを見据えて，年間指導計画の中で見通しをもち，必要に応じて計画的に位置付けることが大切です。

　題材の指導内容を示し，配列も整えられたら，もう一度，２学年ごとのまとまりの中で，また，６年間の全体としてのまとまりの中での年間指導計画を見直すことが欠かせません。２学年間の表現及び鑑賞の活動を通して，指導する内容が漏れなく位置付けられているか，指導が積み重ねられていく内容となっているか，子供自身が形や色などと豊かに関わる内容となっているか，材料や用具の経験は適切に位置付けられているか，子供が題材に主体的に取り組むような配列になっているかなどの視点で見直すことで，より子供の実態に即した年間指導計画を作成することができます。さらには，第１学年及び第２学年，第３学年及び第４学年，第５学年及び第６学年とそれぞれの年間指導計画を総括的に見て整えることが重要です。６年間を通して図画工作科の目標に到達する内容となっているのか，各学年間のつながりや配当の授業時数は適切かなどを最後に見渡し，学校全体の年間指導計画となるように作成する必要があります。図工室の使用や活動場所の重なりの調整，学校の各種取組との関連，図工室や備品等の物的環境面での整備，材料や用具の購入計画等，その学校の特色や状況に応じて様々な視点をもち工夫して作成していく必要があります。そのためには，中心となって調整する役割を果たす先生が学校組織の中で位置付けられていることが重要です。

　この年間指導計画さえしっかり作成できれば，見通しをもって指導ができ，しかも漏れなく指導内容が盛り込まれているので，資質・能力が育成されます。しかしながら，いつも計画通りにうまく指導が進むとは限りません。そこで，学期の終わりごと等，年度の途中で見直し，修正することが必要になります。そして，次年度は前年度の年間指導計画を生かして作成していく，というようにすると指導内容は充実していきます。年間指導計画を作成し，活用することは，子供たちに図画工作科で育成を目指す資質・能力をしっかり育むことにつながるのです。

〈第1学年及び第2学年〉

　ここでは1年生の年間指導計画の例を挙げています。第1学年及び第2学年の内容に基づいて，題材ごとに（1）「知識及び技能」，（2）「思考力，判断力，表現力等」，（3）「学びに向かう力，人間性等」の三つの柱で指導内容を示しています。

　指導内容を考える際に留意しているのが，各題材で示している下線①〜④です。

　下線①は主にどんな材料を扱うのかを示しています。下線②は何から発想するのかというきっかけとなることを示しています。下線③は何を鑑賞するのかというその対象を示しています。下線④はその題材がどのような活動なのかを大まかに示しています。

　このように指導内容を丁寧に考え，配列することで授業の見通しをもつことができます。

　1年生の始めの頃はスタートカリキュラムとして，子供が幼児期の造形活動の経験を生かしながら安心して活動できる内容を設定するなどの配慮をするとよいでしょう。低学年なりにこれまでに育まれてきた感性や想像力を発揮し，手や体全体の感覚を十分に働かせるような題材を設定していくことが望ましいでしょう。たとえば，学校生活に慣れてきたころに，体全体を使って存分に活動する造形遊びを通して，友達と一緒に様々な材料に触れる経験をすることが次の題材につながっていくこともあります。感性や想像力を働かせて対象や事象に直観的に関わっていく低学年ならではの感じ方やまなざし，心の動き，つぶやきなどを指導者が温かく受け止めて共感し，子供が楽しんで活動できるように関わることも大切です。

1年　図画工作科　題材年間計画　　（全68H）

月	題材名（内容）	指導内容 （1）知識及び技能　（2）思考力，判断力，表現力等　（3）学びに向かう力，人間性等	材料や用具
4	すきなことおしえて（絵に表す）2H	（1） ・自分の感覚や行為を通して，形や色などに気付く。 ・①パスに十分に慣れるとともに，手や体全体の感覚などを働かせ，表したいことを基に表し方を工夫して表す。 （2） ・②感じたことから，表したいことを見付けることや，好きな形や色を選んだり，いろいろな形や色を考えたりしながら，どのように表すかについて考える。 ・③自分たちの作品の造形的な面白さや楽しさ，表したいこと，表し方などについて，感じ取ったり考えたりし，自分の見方や感じ方を広げる。 ・形や色などを基に，自分のイメージをもつ。 （3） ・楽しく④パスを使って好きなことを絵に表す活動に取り組み，つくりだす喜びを味わうとともに，形や色などに関わり楽しい生活を創造しようとする態度を養う。	画用紙 カラーペン パス

4	きって ひらいて たのしい かざり （工作に 表す） 4 H	（1） ・自分の感覚や行為を通して，形や色などに気付く。 ・①紙やはさみに十分に慣れるとともに，手や体全体の感覚などを働かせ，表したいことを基に表し方を工夫して表す。 （2） ・②感じたこと，想像したことから，表したいことを見付けることや，好きな形や色を選んだり，いろいろな形や色を考えたりしながら，どのように表すかについて考える。 ・③自分たちの作品の造形的な面白さや楽しさ，表したいこと，表し方などについて，感じ取ったり考えたりし，自分の見方や感じ方を広げる。 ・形や色などを基に，自分のイメージをもつ。 （3） ・楽しく④紙を切って開いて教室に飾るものを工作に表す活動に取り組み，つくりだす喜びを味わうとともに，形や色などに関わり楽しい生活を創造しようとする態度を養う。	色紙 紙テープ セロハンテープ カラーペン のり パス はさみ
5	ねんどの ひもで （立体に 表す） 2 H	（1） ・自分の感覚や行為を通して，形や色などに気付く。 ・①油粘土に十分に慣れるとともに，手や体全体の感覚などを働かせ，表したいことを基に表し方を工夫して表す。 （2） ・②感じたこと，想像したことから，表したいことを見付けることや，好きな形や色を選んだり，いろいろな形や色を考えたりしながら，どのように表すかについて考える。 ・③自分たちの作品の造形的な面白さや楽しさ，表したいこと，表し方などについて，感じ取ったり考えたりし，自分の見方や感じ方を広げる。 ・形や色などを基に，自分のイメージをもつ。 （3） ・楽しく④粘土をひも状にして立体に表す活動に取り組み，つくりだす喜びを味わうとともに，形や色などに関わり楽しい生活を創造しようとする態度を養う。	粘土 粘土板 粘土べら
	すなすな ランド （造形遊び） 4 H	（1） ・自分の感覚や行為を通して，形や色などに気付く。 ・①砂や土などに十分に慣れるとともに，並べたり，つないだり，積んだりするなど手や体全体の感覚などを働かせ，活動を工夫してつくる。 （2） ・②砂や土などの形や色などを基に造形的な活動を思い付くことや，感覚や気持ちを生かしながら，どのように活動するかについて考える。 ・③砂や土などの造形的な面白さや楽しさ，表したいこと，表し方などについて，感じ取ったり考えたりし，自分の見方や感じ方を広げる。 ・形や色などを基に，自分のイメージをもつ。 （3） ・楽しく④砂や土の感触を味わい造形遊びをする活動に取り組み，つくりだす喜びを味わうとともに，形や色などに関わり楽しい生活を創造しようとする態度を養う。	シャベル スコップ バケツ ペットボトル ジョウロ 水 プリンカップ などの容器 砂 土

〈第３学年及び第４学年〉

　ここでは３年生の年間指導計画の例を挙げています。第３学年及び第４学年の内容に基づいて，題材ごとに（１）「知識及び技能」，（２）「思考力，判断力，表現力等」，（３）「学びに向かう力，人間性等」の三つの柱で指導内容を示しています。

　指導内容を考える際に留意しているのが，低学年で示した例と同様に各題材で示している下線①〜④です。下線①は主に扱う材料や用具，下線②は発想のきっかけ，下線③は鑑賞の対象，下線④は活動の内容を大まかに示しています。

　主に扱う材料や用具については，板材や釘，使いやすいのこぎり，金づち，小刀など材料を切ったりつないだり削ったりする用具も含まれています。安全に気を付けながら扱えるように指導していきたいものです。

　中学年の子供は，学校での活動場所が広がり，友達との関わりも深まってきます。直観的に形や色を捉えつつも自分なりの思いや見通しをもって活動するようになります。何事も自分でやってみたい気持ちが強く，少し扱いが難しそうな材料や用具にも主体的に関わっていきます。また，自分や友達の作品だけでなく，校内や地域で出会う作品などに興味をもち鑑賞の対象も広がっていきます。そのような特性が前向きに生かされるような題材を設定し，低学年での材料や用具についての経験を踏まえて年間指導計画を立てることが，子供の資質・能力を育成することにつながります。

３年　図画工作科　題材年間計画　（全60H）

月	題材名 （内容）	指導内容 （１）知識及び技能　（２）思考力，判断力，表現力等　（３）学びに向かう力，人間性等	材料や用具
12	Utusu島へ行こう（絵に表す）4H	（１） ・自分の感覚や行為を通して，形や色などの感じが分かる。 ・①紙類や身辺材料，ローラーなどを適切に扱うとともに，スタンプや絵の具などについての経験を生かし，手や体全体を十分に働かせ，表したいことに合わせて表し方を工夫して表す。 （２） ・②感じたこと，想像したことから表したいことを見付けることや，表したいことなどを考え，形や色，材料などを生かしながら，どのように表すかについて考える。 ・③自分たちの作品の造形的なよさや面白さ，表したいこと，いろいろな表し方などについて，感じ取ったり考えたりし，自分の見方や感じ方を広げる。 ・形や色などの感じを基に，自分のイメージをもつ。 （３） ・進んで④Utusu島を想像して紙類や版画用ローラーで版に表す活動に取り組み，つくりだす喜びを味わうとともに，形や色などに関わり楽しく豊かな生活を創造しようとする態度を養う。	版画用インク ローラー ばれん 画用紙 工作のり 木工用接着剤 新聞紙 身辺材料（毛糸・レースなど） 絵の具 カラーペン

1	ひもで チェンジ （造形 遊び） 2H	（1） ・自分の感覚や行為を通して，形や色などの感じが分かる。 ・①ひも類を適切に扱うとともに，梱包用平テープや毛糸についての経験を生か し，組み合わせたり，切ってつないだり，形を変えたりするなどして，手や体全 体を十分に働かせ，活動を工夫してつくる。 （2） ・②ひも類を基に造形的な活動を思い付くことや，新しい形や色などを思い付き ながら，どのように活動するかについて考える。 ・③つないだひも類の造形的なよさや面白さ，表したいこと，いろいろな表し方 などについて，感じ取ったり考えたりし，自分の見方や感じ方を広げる。 ・形や色などの感じを基に，自分のイメージをもつ。 （3） ・進んで④ひも類を切ったりつないだりして造形遊びをする活動に取り組み，つ くりだす喜びを味わうとともに，形や色などに関わり楽しく豊かな生活を創造し ようとする態度を養う。	はさみ 毛糸 梱包用平テー プ ひも
	ようこそ 光の 世界へ （立体に 表す） 4H	（1） ・自分の感覚や行為を通して，形や色などの感じが分かる。 ・①光を通す透明な材料やライトなどを適切に扱うとともに，身近な身辺材料や 太陽の光についての経験を生かし，手や体全体を十分に働かせ，表したいことに 合わせて表し方を工夫して表す。 （2） ・②感じたこと，想像したこと，見たことから，表したいことを見付けることや， 表したいことなどを考え，形や色，材料などを生かしながら，どのように表すか について考える。 ・③自分たちの作品の造形的なよさや面白さ，表したいこと，いろいろな表し方 などについて，感じ取ったり考えたりし，自分の見方や感じ方を広げる。 ・形や色などの感じを基に，自分のイメージをもつ。 （3） ・進んで④光を通す材料にライトを当てて立体に表す活動に取り組み，つくりだ す喜びを味わうとともに，形や色などに関わり楽しく豊かな生活を創造しようと する態度を養う。	LEDライト 色セロハン プラスチック 段ボール 光を通す透明 な材料 絵の具 セロハンテー プ
2	なに 入れよかな （工作に 表す） 8H	（1） ・自分の感覚や行為を通して，形や色などの感じが分かる。 ・①紙粘土や絵の具などを適切に扱うとともに，粘土類や身辺材料，絵の具につ いての経験を生かし，手や体全体を十分に働かせ，表したいことに合わせて表し 方を工夫して表す。 （2） ・②想像したこと，見たことから，表したいことを見付けることや，表したいこ とや用途などを考え，形や色，材料などを生かしながら，どのように表すかにつ いて考える。 ・③自分たちの作品の造形的なよさや面白さ，表したいこと，いろいろな表し方 などについて，感じ取ったり考えたりし，自分の見方や感じ方を広げる。 ・形や色などの感じを基に，自分のイメージをもつ。 （3） ・進んで④小物入れを紙粘土で工作に表す活動に取り組み，つくりだす喜びを味 わうとともに，形や色などに関わり楽しく豊かな生活を創造しようとする態度を 養う。	紙粘土 空き容器 粘土板 粘土べら 絵の具セット 新聞紙 モールビーズ などの身辺材 料 セロハンテー プ

〈第５学年及び第６学年〉

　ここでは６年生の年間指導計画の例を挙げています。第５学年及び第６学年の内容に基づいて，題材ごとに（１）「知識及び技能」，（２）「思考力，判断力，表現力等」，（３）「学びに向かう力，人間性等」の三つの柱で指導内容を示しています。

　高学年においても指導内容を考える際に留意したいのが，各題材で示している下線①〜④です。下線①の主に扱う材料は，すでに経験したことのある材料を扱うことが多いです。しかし，複数の種類の材料の中から自分のイメージに合うものを考えて選んだり，使い方の工夫を凝らしてみたりと，材料への関わり方が一層，意図的になります。そのような材料への関わり方が可能となるような題材にしたいものです。下線②の発想のきっかけについては，何かを手がかりにすぐに表したいことを思い付くことがあれば，じっくり考えて自分の感じ方や個性など自己の内面に向き合いながら次第に表したいことを思い付いていく場合もあることに留意して，子供自身が主題を生成する過程を大切に考えて設定しましょう。下線③の鑑賞の対象については，生活の中の造形など対象が広がります。下線④の活動内容については，自分で材料や用具，対象などに関わりながら主体的に活動し，自分なりの意味や価値をつくりだしている実感をもてる題材を設定していくことが大切になります。

6年　図画工作科　題材年間計画　（全50H）

月	題材名 （内容）	指導内容 （１）知識及び技能（２）思考力，判断力，表現力等（３）学びに向かう力，人間性等	材料や用具
11	パラソルマジック （造形遊び） ２H	（１） ・自分の感覚や行為を通して，形や色などの造形的な特徴を理解する。 ・活動に応じて①傘や校内の場所を活用するとともに，前学年までの材料や用具についての経験や技能を総合的に生かしたり，方法などを組み合わせたりするなどして，活動を工夫してつくる。 （２） ・②材料や場所，空間などの特徴を基に造形的な活動を思い付くことや，構成したり周囲の様子を考え合わせたりしながら，どのように活動するかについて考える。 ・③傘をつないだり，組み合わせたりした場所や空間などの造形的なよさや美しさ，表現の意図や特徴，表し方の変化などについて，感じ取ったり考えたりし，自分の見方や感じ方を深める。 ・形や色などの造形的な特徴を基に，自分のイメージをもつ。 （３） ・主体的に④場所の特徴を生かして傘を使って空間をつくる造形遊びをする活動に取り組み，つくりだす喜びを味わうとともに，形や色などに関わり楽しく豊かな生活を創造しようとする態度を養う。	梱包用平テープ ビニルテープ デジタルカメラ はさみ 傘
	切った板から （工作に表す） ６H	（１） ・自分の感覚や行為を通して，形や色などの造形的な特徴を理解する。 ・表現方法に応じて①板やのこぎり，釘，金づちを活用するとともに，前学年までの材料や用具についての経験や技能を総合的に生かしたり，表現に適した方法などを組み合わせたりするなどして，表したいことに合わせて表し方を工夫して表す。	板 のこぎり 電動糸のこぎり 木工用接着剤 金づち

11	切った板から（工作に表す）6 H	（2） ・②**感じたこと，想像したこと，伝え合いたいこと**から，表したいことを見付けることや，形や色，材料の特徴，構成の美しさなどの感じ，用途などを考えながら，どのように主題を表すかについて考える。 ・③**自分たちの作品**の造形的なよさや美しさ，表現の意図や特徴，表し方の変化などについて，感じ取ったり考えたりし，自分の見方や感じ方を深める。 ・形や色などの造形的な特徴を基に，自分のイメージをもつ。 （3） ・主体的に④**板を切って生活の中で使うものを工作に表す活動**に取り組み，つくりだす喜びを味わうとともに，形や色などに関わり楽しく豊かな生活を創造しようとする態度を養う。	釘 紙やすり ちょうつがい アクリル絵の具
12	私の大事な時（絵に表す）4 H	（1） ・自分の感覚や行為を通して，形や色などの造形的な特徴を理解する。 ・表現方法に応じて①**版木や彫刻刀**を活用するとともに，前学年までの材料や用具についての経験や技能を総合的に生かしたり，表現に適した方法などを組み合わせたりするなどして，表したいことに合わせて表し方を工夫して表す。 （2） ・②**感じたこと，見たこと，伝え合いたいこと**から，表したいことを見付けることや，形や色，材料の特徴，構成の美しさなどの感じなどを考えながら，どのように主題を表すかについて考える。 ・③**自分たちの作品**の造形的なよさや美しさ，表現の意図や特徴，表し方の変化などについて，感じ取ったり考えたりし，自分の見方や感じ方を深める。 ・形や色などの造形的な特徴を基に，自分のイメージをもつ。 （3） ・主体的に④**心に残った一瞬を木版で版に表す活動**に取り組み，つくりだす喜びを味わうとともに，形や色などに関わり楽しく豊かな生活を創造しようとする態度を養う。	版木 和紙 版画用具一式 版画インク 版画作業板 彫刻刀 新聞紙 ばれん
1	受けつがれてきた形（鑑賞）2 H	（1） ・自分の感覚や行為を通して，形や色などの造形的な特徴を理解する。 （2） ・③**我が国の親しみのある美術作品，生活の中の和の造形など**の造形的なよさや美しさなどについて，感じ取ったり考えたりし，自分の見方や感じ方を深める。 ・形や色などの造形的な特徴を基に，自分のイメージをもつ。 （3） ・主体的に④**我が国の親しみのある美術作品，生活の中の和の造形などを鑑賞する活動**に取り組み，つくりだす喜びを味わうとともに，形や色などに関わり楽しく豊かな生活を創造しようとする態度を養う。	扇子 和菓子 友禅染 食器など
2	夢に向かって（立体に表す）6 H	（1） ・自分の感覚や行為を通して，形や色などの造形的な特徴を理解する。 ・表現方法に応じて①**紙粘土や針金**を活用するとともに，前学年までの材料や用具についての経験や技能を総合的に生かしたり，表現に適した方法などを組み合わせたりするなどして，表したいことに合わせて表し方を工夫して表す。 （2） ・②**感じたこと，想像したこと，見たこと，伝え合いたいこと**から，表したいことを見付けることや，形や色，材料の特徴，構成の美しさなどの感じなどを考えながら，どのように主題を表すかについて考える。 ・③**自分たちの作品**の造形的なよさや美しさ，表現の意図や特徴などについて，感じ取ったり考えたりし，自分の見方や感じ方を深める。 ・形や色などの造形的な特徴を基に，自分のイメージをもつ。 （3） ・主体的に④**将来の自分の姿を想像して立体に表す活動**に取り組み，つくりだす喜びを味わうとともに，形や色などに関わり楽しく豊かな生活を創造しようとする態度を養う。	木板 絵の具 ニス 針金 ペンチ 段ボール 色画用紙

（中下 美華）

4 題材設定の考え方

1 題材とは

　「題材」という言葉は，図画工作科ではよく使われている言葉です。ここではまず「題材とは何か」ということについて整理します。

　図画工作科では，表現での造形遊びをする活動や絵や立体，工作に表す活動，そして鑑賞する活動を通して資質・能力の育成を目指します。これら活動では，学習指導要領に示されている「内容」を押さえる必要があります。それをまとめたものが次の表です。

造形遊びをする活動	A表現（1）ア，（2）ア，〔共通事項〕（1）ア，イ
絵や立体，工作に表す活動	A表現（1）イ，（2）イ，〔共通事項〕（1）ア，イ
鑑賞する活動	B鑑賞（1）ア，〔共通事項〕（1）ア，イ
造形遊びをする活動と鑑賞する活動	A表現（1）ア，（2）ア，B鑑賞（1）ア，〔共通事項〕（1）ア，イ
絵や立体，工作に表す活動と鑑賞する活動	A表現（1）イ，（2）イ，B鑑賞（1）ア，〔共通事項〕（1）ア，イ

　図画工作科では，これらの内容を「題材」として授業において子供に示し，資質・能力の育成を目指します。学校での学習は，各学校の年間指導計画に基づいて行われます。年間指導計画を作成する際に，この題材はどのくらいの時間をかけて資質・能力の育成を目指すのかという時間も考えますね。「題材」とは，目標及び内容の具現化を目指す「内容や時間のまとまり」といえるでしょう。

　また，図画工作科では，題材ごとに子供が作品や活動をつくりだすという特徴があります。作品や活動は，表現した人そのものの表れであり，作品や活動をつくりだすということは，かけがえのない自分を見いだしたりつくりだしたりすることだといえます。このことは題材を設定する際に大切にしなければならないことです。

2 題材設定

　題材は，学習指導要領の「内容」を押さえて，何時間かけて実施するのかを考えてつくっていきます。しかし，それだけでは「題材」にはなりません。表現では，どんな材料を使い，どんな発想や構想の過程を経て，実際につくりあげるのか，鑑賞では，どんな鑑賞の対象にして，どのように見方や感じ方を深めさせるのかなど具体的に考える必要があります。ここが，教師という仕事の楽しみ，やりがいのひとつです。

　図画工作科の学習指導要領では，育成を目指す資質・能力は示していますが，この題材をこの学年で必ずやらなければならないということは示していません。それは目の前の子供や学校などの実態を踏まえて，よりよい題材を設定できるのは各学校の先生であるという思いからです。

　題材設定では，そのときの子供の興味や関心を生かすこともあるでしょう。その地域の材料を活用することもあるでしょう。その際留意してほしいことがあります。

　子供にとって楽しい活動ができる題材にするということは大前提ですが，それだけではだめだということです。

　私も子供とこんなことをしたら楽しいだろうな，この材料は子供たち喜ぶだろうなと，見るもの，聞くこと全てを題材に結び付けて考えている時期がありました。資質・能力の育成を意識していなかったため，活動は楽しいけれども，いったい今日の授業は何の意味があるの？と放課後作品を見ながら一人首をかしげることもありました。しかしそれをきちんと振り返ることもなく，他の先生からの「図工は他の教科では学習に興味を示さない○○さんもちゃんとやっていて，楽しい授業をしているのね」などという言葉にほっとしたりしていました。

　その後，同僚の先生や研究会の先生方と話したり実践を見せてもらったりする中でだんだんと解決していったのですが，もっと早い段階で学習指導要領の目標や内容を理解しておけばよかったと思うのです。そうすれば，活動を楽しんでいる子供に何が起こっているか，そして学習指導要領に示されている以上のことも子供に起こっていたということを実感でき，もっと子供に目が向き，子供のよさや可能性を，図画工作科の重要性を語ることに自信がもてたのではないかと思います。それに比べて，今の先生方は学習指導要領を理解しようという意欲のある先生ばかりです。お恥ずかしい話でしたが参考にしてもらえればと思います。

3 題材設定で大切なこと

　題材の作成に当たっては，学習指導要領に示されている目標及び内容を十分理解する必要があります。その上で，その学年の子供の特性や目の前の子供の実態に応じた題材を設定することが大切です。学習指導要領の総則に示している教科に関わる事項及び図画工作科の「第3

指導計画の作成と内容の取扱い」に示す事項に目を通すこともしましょう。

　そこには例えば，「主体的・対話的で深い学びの実現に向けた授業改善」があります。ここでは「実現に向けた授業改善」とありますが，主体的・対話的で深い学びが実現することが目標ではなく，あくまでの資質・能力の育成が目標なので，「主体的・対話的で深い学びの視点からの授業改善」と捉えるとよいでしょう。

　「題材など内容や時間のまとまりを見通して，その中で育む資質・能力の育成に向けて，児童の主体的・対話的で深い学びの実現を図るようにすること。その際，造形的な見方・考え方を働かせ，表現及び鑑賞に関する資質・能力を相互に関連させた学習の充実を図ること」とあります。ここで「題材など内容や時間のまとまりを見通して」と「題材」が出てきます。

　授業改善には，まず題材をよく考えることが重要であり，子供の主体的・対話的で深い学びの実現を図るようする，そのときに「造形的な見方・考え方」を働かせ，表現及び鑑賞に関する資質・能力を相互に関連させた学習の充実を図るということです。

　ここで示されている「表現及び鑑賞に関する資質・能力を相互に関連させた学習の充実を図る」は，内容の取扱いにある「「A表現」及び「B鑑賞」の関連を図る」とつながっています。

　図画工作科では，表現と鑑賞とを関連付けて指導することが重要です。「A表現」及び「B鑑賞」は，ともに子供の資質・能力を育成する二つの領域として構成しています。表現と鑑賞は本来一体であり，相互に関連して働き合うことで児童の資質・能力を育成することができます。このことから「A表現」及び「B鑑賞」の指導については関連させて行うことが原則です。例えば，一つの題材において，造形活動と鑑賞活動とが往還するような学習過程を設定し，子供が表現したことを，自身で味わったり，友人と交流したりすることにより，表現が深まったり，広がったりするように配慮することが考えられます。鑑賞の場面においても，表現と分けて設定するのではなく，味わったことを試したり，表現に生かしたりすることができるような学習過程を設定することが考えられます。ただし，指導の効果を高めるため，必要がある場合には，子供の関心や実態を十分考慮した上で，全ての学年で，鑑賞を独立して扱うことができます。

　子供が興味や関心をもち主体的に取り組むことのできる題材を設定することが重要で，それには子供の興味や関心を生かす方法があります。

　放課後の校庭で石を集めている子供たちの姿から題材を考えたことがあります。子供たちは卵パックの一つ一つに気に入った石を入れているのですが，石のよさや面白さを感じ取りながら，もっと違う石があるはずと思うのでしょう，これではない石と思った石は残念ながらポンと放られます。再度戻される石もあるようですが，子供たちのその姿を見て，子供はこうやって自分の見方や感じ方を広げたり深めたりするのかと感心しました。放るという行為は，判断し決断したということです。おそらくこの行為が子供にとって重要なのだろうなと思いました。放るという行為を題材にはつなげられませんでしたが，見付けたものをコレクションする題材

をその学年で設定しました。

　「子供の興味や関心を生かす」には，子供をよく見て考えないとできません。なんとなくではなく，子供の今を見つめ考えるということが大事です。

　それから，材料や用具を楽しく使えるような題材も大切です。材料や用具を使うということは図画工作科の醍醐味であり，私たちが思っている以上に子供たちは新しい材料や用具との出会いに心ときめかせています。

　さらに，子供が進んで造形的な活動を始めるような提案をしたり，題材名を示したりすることも重要です。進んで活動を始められるような提案は，誰もが大切にしていると思います。ここで留意してほしいのは，表すこと，材料や用具，表し方，手順などを全て先生が示すような題材ばかりでは，活動は始まっても，「進んで」という関心や意欲，そして「資質・能力の育成」に課題が生まれるということです。作品はできても，子供の資質・能力は育成されないということです。今回の改訂をきっかけに，それぞれの学校で見直しが図られることを期待しています。

　題材名については，子供がやってみたい！　なにそれ？　と思うようなわくわくした題材名にしたいですね。私は題材名を付けるのがうまくなかったので，卒業した中学生から「なんか，カタカナとか英語とかに逃げるときあったよねえー」「考えるの大変なんだなあと思ってた」と言われたときには，そこまで見透かされていたかと，恐ろしいやら尊敬するやらで，絶句したことがあります。教師として「言葉」にアンテナを張っておくことも大切です。

4 題材から授業へ

　このようにして題材を設定し，実際に子供に題材を示し指導していくわけですが，「こうなるはず」と思っても，ねらいが明確でなかったり，材料や用具の見通しが甘かったり，時間が足りなかったり，そもそも子供が興味や関心をもたなかったりなど，本当に様々なことで，「あれれ？」と思うこともあります。

　それに気付いたのなら，教師として成長している証拠です。授業改善すればよいのです。

　ねらいがこれでよかったのか検討し直す。修正が可能な時点での気付きならば，子供に了解を取ったうえで修正する。ねらいがよかったのなら子供に伝わるような言葉や態度でもう一度押さえ直す。修正がきかないほど活動が進んでしまった場合は，子供の表現を見守り，その中で育成されている資質・能力を丁寧に拾い上げていくといいでしょう。どんな時でも子供は学ぼうとしているものですから，何かはあります。それは，子供を見つめ直すことでもあるので，実は教師として重要な学びの場面です。

（岡田　京子）

5 評価の考え方

1 学習評価

　学習評価は，学校における教育活動に関し，子供の学習状況を評価するものです。さらりと書きましたが，このことは極めて大切なことなので，エピソードを紹介します。

　ある先生から聞いた話です。「クラスの子供が夏休みに家庭で製作した作品をあるコンテストに応募したら入賞した。その保護者が，『入賞する能力があるのだから，1学期の成績はBだったがAなのではないか？』と言ってきた」というのです。

　確かにそれだけの力を学校の学習で身に付けたとも言えるかもしれませんが，学校における教育活動に関して子供の学習状況を評価するものなので，授業を通してということになります。ここのところが混乱すると，評価は難しいものになります。先生方が授業をするのですから，そのときの子供の学習の状況を捉えられるのは私しかいないぐらいの気持ちで，自信をもって学習評価をしてほしいと思います。

　図画工作科の評価は，観点ごとに子供の学習状況を把握し分析的に捉える「観点別学習状況の評価」とそれを総括した「評定」そして，観点別学習状況の評価や評定では示しきれない子供一人一人のよい点や可能性，進歩の状況を捉える「個人内評価」で行われます。

　学習評価は子供を見つめ，よさや進歩の状況を捉え，それをその子に返すということです。子供の学習状況を的確に捉え，教師が指導の改善を図るとともに，子供自らの学びを振り返って次の学びに向かうことができるようにする，そして「学ぶっていいな」と子供が実感するようにすることが重要です。

2 平成29年改訂を受けた評価の観点の整理

　学習評価については，国立教育政策研究所が『「指導と評価の一体化」のための学習評価に関する参考資料』を作成しています。HPで公開していますので，ぜひ目を通してください。

　平成29年改訂学習指導要領においては，全ての教科等の目標及び内容を「知識及び技能」，「思考力，判断力，表現力等」，「学びに向かう力，人間性等」の育成を目指す資質・能力の三つの柱で再整理しました。観点別学習状況の評価については，こうした教育目標や内容の再整

理を踏まえて，小・中・高等学校の各教科を通じて，「知識・技能」「思考・判断・表現」「主体的に学習に取り組む態度」の3観点に整理されました。

　評価の基本構造については次の図を参考にしてください。（『「指導と評価の一体化」のための学習評価に関する参考資料』より）

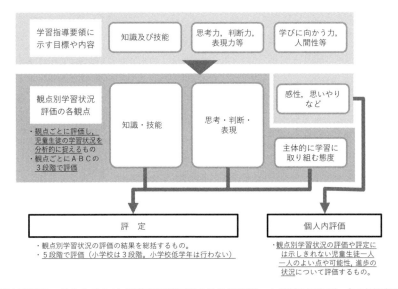

　出典：「指導と評価の一体化」のための学習評価に関する参考資料　小学校図画工作（国立教育政策研究所）

　個人内評価については，文部科学省からの学習評価の通知においては，「観点別学習状況の評価になじまず個人内評価の対象となるものについては，児童生徒が学習したことの意義や価値を実感できるよう，日々の教育活動等の中で児童生徒に伝えることが重要であること。特に「学びに向かう力，人間性等」のうち「感性や思いやり」など児童生徒一人一人のよい点や可能性，進歩の状況などを積極的に評価し児童生徒に伝えることが重要であること。」と示されています。図画工作科の教科の目標や学年の目標の（3）が「学びに向かう力，人間性等」に当たりますが，観点別学習評価にはなじまないものは観点別学習状況の評価の観点である「主体的に学習に取り組む態度」には含まれておらず，それは個人内評価で扱うということに留意する必要があります。しかしこれまでも感性や情操だけを取り出して，○さんの感性はB，○君の情操はAなどという観点別学習状況の評価はしていないので，考え方としては変わりありません。

2 図画工作科の観点別学習評価

　ではここで，低学年の造形遊びを例に，内容のまとまりごとの評価規準を見てみましょう。

低学年の造形遊びの内容のまとまりごとの評価規準

知識・技能	思考・判断・表現	主体的に学習に取り組む態度
・自分の感覚や行為を通して，形や色などに気付いている。 ・身近で扱いやすい材料や用具に十分に慣れるとともに，並べたり，つないだり，積んだりするなど手や体全体の感覚などを働かせ，活動を工夫してつくっている。	形や色などを基に，自分のイメージをもちながら，身近な自然物や人工の材料の形や色などを基に造形的な活動を思い付き，感覚や気持ちを生かしながら，どのように活動するかについて考えている。	つくりだす喜びを味わい楽しく表現する学習活動に取り組もうとしている。

　図画工作科の学習評価の内容のまとまりは「造形遊び」「絵や立体，工作」「鑑賞」であり，『学習評価に関する参考資料』では，低学年，中学年，高学年の内容のまとまりごとに，「内容のまとまりごとの評価規準」を示しています。

　学習指導要領で示されている造形遊びの指導する内容と比べてみてください。ほぼ同じで，評価規準では学習状況を評価することを踏まえて「〜している」としています。（「主体的に学習に取り組む態度」については，子供の意志的な側面も踏まえて「〜しようとしている」としています）学習指導要領の「内容」も資質・能力の三つの柱に基づいて整理したので，「内容」の記載はそのまま学習指導の目標とすることができ，記載事項の文末を「〜すること」から「〜している」と変換したもの等が評価規準にできるということです。これが，「内容のまとまりごとの評価規準の考え方です。

　当然のことながら，「内容のまとまりごとの評価規準」は「低学年の造形遊び」であれば，「低学年の造形遊び」のどの題材にも当てはまる評価規準です。実際には，題材に即して材料や場所の特徴を入れ込んだり，その題材で指導しないことは削除したりするなど，その題材に応じた「題材の目標」を作成することになりますが，日々の授業で「内容のまとまりごとの評価規準」を押さえておくことは，指導や評価全体を見据えるという点で重要なことです。

　それから，『指導と評価の一体化のための学習評価に関する参考資料』では「指導に生かす評価」と「記録に残す評価」という考え方を示しました。題材の評価規準に照らして，適宜，子供の学習状況を把握し指導に生かす場面と，題材の評価規準に照らして，全員の学習状況を記録に残す場面とを設定するということです。

　まずは，「この題材のこの観点は，この場面で記録に残す評価をするのが一番よさそうだ」というように，記録に残す評価をする場面を決めると，指導のねらいがより一層明確となります。記録に残す評価は「観点別に一回ずつは必ず子供の学習の状況を把握して記録しましょう」ということです。記録に残す評価をする場面以外では，これまで通り子供の活動の様子を把握し，それを指導に生かすことが重要です。子供の姿を捉え，見守ったり励ましたりしながら，子供が目標を実現できるようにすることは，子供の学習状況を把握し，指導に生かす学習評価をしているということです。「評価」をしつつ「指導」をしているという重要な時間なのです。

（岡田　京子）

第 2 章

学年別
図画工作科
題材＆授業プラン

低学年 造形遊び 全2時間

ぐんぐん！どんどん！たけたけランド

A 表現（1）ア，（2）ア，
B 鑑賞（1）ア，〔共通事項〕（1）ア，イ

1 題材の目標

① 「知識及び技能」

・自分の感覚や行為を通して，形や色などに気付く。

・竹に十分に慣れるとともに，並べたり，つないだり，積んだりするなど手や体全体の感覚などを働かせ，活動を工夫してつくる。

② 「思考力，判断力，表現力等」

・竹の形や色などを基に造形的な活動を思い付き，感覚や気持ちを生かしながら，どのように活動するかについて考える。

・竹の造形的な面白さや楽しさ，造形的な活動，つくり方などについて，感じ取ったり考えたりし，自分の見方や感じ方を広げる。

・形や色などを基に，自分のイメージをもつ。

③ 「学びに向かう力，人間性等」

・楽しく竹を並べたり，つないだり，積んだりするなどして，つくりだす喜びを味わうとともに，形や色などに関わり楽しい生活を創造しようとする。

2 題材設定や指導の工夫について

　本題材は，竹を基に造形遊びをする活動を通して資質・能力の育成を目指すものである。

① 「知識及び技能」

　「知識」の習得のために，材料は，様々な太さの竹を切り方や割り方を変えて準備することで，自分の感覚や行為を通して，形や色の違いなどに気付くようにした。

　「技能」の習得のために，めあての一部を四角い形で隠して示し，「並べる」「つなぐ」「積む」の言葉を最初の手がかりとして，子供が自ら活動を工夫してつくることができるようにした。また，子供の多様な活動や行為を受け止めつつ，さらに広がるように材料や場所について

の声かけをしていった。

②「思考力，判断力，表現力等」

「思考力，判断力，表現力等（発想や構想）」の育成のために，導入で竹と関わる時間を設け，竹の感触を十分味わわせて「どんなことができそうか」考えさせてから活動した。また，題名の「ぐんぐん！どんどん！」を子供と一緒に手で示すことで，活動の縦と横の広がりを意識するようにした。

「思考力，判断力，表現力等（鑑賞）」の育成のために，活動場所の中心に材料の竹を置き，活動途中に竹を取りに行くときに友人の活動が見えるようにした。

「思考力，判断力，表現力等（イメージ）」の育成のために，様々な形や色，大きさ，重さなどの竹を大量に準備した。それらの材料の形や色などを，もっとよく見てみる，もっと触れてみることを促し，自分の感覚や行為を通して形や色を捉え，自分のイメージをもつことができるようにした。

③「学びに向かう力，人間性等」

「学びに向かう力，人間性等」の涵養のために，導入で竹を一気に見せることで期待感をもたせ，活動の意欲を高めるようにした。また，材料の竹は地域の方の協力を得て，身近な山から伐採したことを伝え，身近なものからつくりだす喜びを味わうことができるようにした。

3 題材の全体計画（全2時間）

時間	学習活動　☆子供の様子	○留意点　□評価の観点
1次 （90分）	竹の形や色などを基に，並べたり，つないだり，積んだりするなど工夫してつくる。 ☆竹に触れて，どんなことができそうか考える。 ☆竹を並べたり，つないだり，積んだりする。 ☆友人の活動を見ながら，活動を工夫する。 ☆友人の活動を見て，見方や感じ方を広げる。	○竹を触ることに戸惑っている場合には，教師が一緒に材料に触れ，感触を楽しみながら活動する。 ○活動が停滞している子供には，友人の活動を見ることを提案したり，様々な形の竹があることを紹介したりして，活動が持続するように声をかけていく。 □【思考・判断・表現】記録に残す評価 □【知識・技能】記録に残す評価 □【主体的に学習に取り組む態度】活動全体を通して把握し，最後に記録に残す。

4 評価規準

知識・技能	思考・判断・表現	主体的に学習に取り組む態度
【知識】自分の感覚や行為を通して，竹の形や色などに気付いている。	・竹の形や色などを基に，自分のイメージをもち，造形的な活動を思い付き，感覚や気持ちを生かしながら，どのように活動するかについて考えている。	つくりだす喜びを味わい楽しく竹で造形遊びをする学習活動や鑑賞する学習活動に取り組もうとしている。
【技能】竹に十分に慣れるとともに，並べたり，つないだり，積んだりするなど手や体全体の感覚などを働かせ，活動を工夫してつくっている。	・竹の形や色などを基に，自分のイメージをもち，造形的な面白さや楽しさ，造形的な活動，つくり方などについて，感じ取ったり考えたりし，自分の見方や感じ方を広げている。	

5 材料や用具

□**教師**…様々な形や色の竹（約60本分を切り分けたもの），ホワイトボード，買い物かご（選んだ竹を入れて，運ぶために使用する）

□**子供**…体操服

6 授業展開

1 竹に出会う（1次）

　まず，校舎中央にある中庭の真ん中に，約60本分の竹を切り分けたものを並べた。竹にはシートを被せておき，子供には何が隠れているか分からない状態にしておいた。導入の始めに「今日は，この中庭全体を使って造形遊びをします。材料はこれです！」と言いながら竹に被せていたシートを一気に剥がすことで期待感をもたせ，活動への意欲を高めるようにした。中庭の中心にある大量の竹を見て，「わー！　いっぱいある！」と子供は前のめりになって見ていた。竹は地域の方や教員で集めた大切なものであることと，「ぐんぐん！　どんどん！　たけたけランド」という活動をすることを伝えた。題材名の「ぐんぐん！　どんどん！」を手で表現させて，造形遊びが中庭いっぱい縦にも横にも広がっていくイメージをもつようにした。

そして，竹を見てから早く触りたくて仕方のない子供たちに「近くで触ってみたい？」と聞くと，「うんうん！」と力強くうなずくので，「1分間どんなことができそうか考えながら，しっかり触ってきましょう」と伝えた。竹に触りながら，手に取って形を確かめる子供もいれば，

実際に並べ始める子供もいた。触った後に「どんなことができそう」と聞いてみると，「太鼓」「もちつき」など活動に広がりがなく，ごっこ遊びになってしまいそうなものも出たが「この竹を全部使っていいよ」と伝えると「そうめん流し」と大きく広がりそうな活動を思い付く子供も出てきた。活動を聞く際に子供の活動を「並べる」「つなげる」「積む」に分けながら整理し，本時のめあてを「たけを　くふうして　□□しよう」と伝えて，活動を開始するようにした。

● 【主体的に学習に取り組む態度】記録に残す評価

　竹の形や大きさ，感触を確かめている姿を見ながら，主体的に学習に取り組む態度について捉えた。竹を触ることに抵抗を示している子供には小さめの竹や，形の違ういろいろな竹を示し，触ってみるように促した。主体的に学習に取り組む態度は，学習活動全体を通して把握し，最後に記録に残した。

2　竹を並べたり，つないだり，積んだりする（1次）

　活動を始めると，子供たちは買い物かごを持って思い思いの竹を取り，中庭に広がっていった。活動中は，子供の活動が目標から外れていたり，活動が停滞したりしている場合には近く

に行って「何をしようとしているの？」「どんな形の竹だったらできそう？」などと問いかけ，活動について考えることで，活動がつながるようにした。

　あるグループは，5人で竹を転がすスライダーをつくっていた。縦半分に割った竹を斜めに置き，薄く丸く切ってある竹を転がそうとしているようだった。竹が早く転がるようにするために竹を高く積み上げたいがなかなか安定する竹が見付から

ず，太さの違う竹を選んで相談しながら竹を積んだりつないだりしていた。途中で斜めにつなげる竹に節があることに気付き，「これ（竹の節）があるから途中で止まるよ。ないやつ探し

低学年

中学年

高学年

てくる！」と言って，竹の置き場を隈なく探して節の少ない竹を選んで並べたりつないだりしていた。

　導入で「おもちつきをしたい」と言った子供は，途中までは太い竹の中に，細く短い竹を入れて，「ぺったんぺったん」と言いながら活動していたが，だんだんと飽きてきて活動が停滞している様子だったので，めあてを確認するとともに「今ある竹，全部使っていいんだよ」と言って，一緒に周りの子供の活動を見渡してみた。子供は材料置き場に行って長い竹や縦半分に割っている竹を持ってきて，最後はもちつきをするおうちをつくるという活動を始めた。

　そうめん流しをつくりたいというグループは複数あった。そのうちの1つのグループは，中庭の端から始めて，約30mも竹を並べた。最初は1人や2人で太さや長さの違う竹を並べたりつないだりしていたが，グループ同士がつながり，長くなっていくことが楽しくなってくると，竹と竹をつなげて中庭の端から端までつなげていった。竹が転がらないように太い竹と細い竹を交互に置いたり，中庭の端まで行くとカーブして戻ったり，途中で道が2本に分かれたりしながら，並べ方を工夫して活動していた。

●【知識・技能】記録に残す評価
　竹の形や大きさの違いに気付き，並べたり，つないだり，積んだりするなど手や体全体の感覚などを働かせて，活動を工夫してつくっている子供の様子を見取りシートに記録した。

●【思考・判断・表現（発想や構想）】記録に残す評価
　竹の形や色などを基に，自分のイメージをもち，造形的な活動を思い付き，感覚や気持ちを生かしながら，どのように活動するかについて考えているかを捉えた。そのために，活動をしている子供に「どうしようとしているの？」「なぜこうしたの？」など，話を聞きながらイメージをもって造形遊びをしている様子を見取りシートに記録した。

3　友人のつくったものを見る（1次）

　最後はお互いに鑑賞をした。材料の竹を中庭の真ん中に置くことで，竹を取りに行く際に自然と友人の活動が目に入り，鑑賞できるようにしていたが，授業の最後にグループごとにどんなことをしていたかを見て回ることで，自分の見方や感じ方が広がるようにした。つくったものを近くで見ながら，「どんなものをつくったのか」を尋ねた。各々「そうめん流し」「おう

ち」などと答え、「工夫したところは？」と聞くと「転がらないように小さい竹を使った」「長い竹を並べた」などとそれぞれの工夫を話した。途中からは「どうやってやったの？」という質問が子供から出ていた。

最後に、全体のまとめとして、「たけたけランドをして、どんなところが難しかった？どこを工夫した？」と聞くと、「高くするのが難しかった。大きい竹を下に置いて、小さい竹を上にしたらできた」「長くつなげるのが難しかった。竹の形をよく見た」と話していた。

●学習評価【思考・判断・表現（鑑賞）】記録に残す評価

　鑑賞している様子や、まとめの時間の様子から、竹の形や色などを基に、自分のイメージをもち、造形的な面白さや楽しさ、造形的な活動、つくり方などについて、感じ取ったり考えたりし、自分の見方や感じ方を広げているかどうかを捉え、記録に残した。

指 導を終えて ●●

　この題材は、2年がかりで材料を集め、指導方法を考えた題材である。材料の竹は、地域の方々や教員で集め、様々な大きさや長さに切った。昨年度の「たけたけランド」から導入とまとめ、評価の仕方を改良して単元をつくった。本学級の子供は、造形遊びは今回で3回目だった。初回は、一人で活動する子供も多かったが、今回はグループになって「あれをしよう」「じゃああの竹を持ってくる」「ここに置く？」「こっちの方がいいよ」とたくさんの会話をしながら活動できるようになった。普段の休憩時間に遊ばないような友人同士でも関係なく、活動している姿も多く見られた。また、活動の後半には飽きることが多い子供や、途中ですぐに諦めてしまう子供も、今回は周りの活動を見ながら何度も試行錯誤をしながら活動を続けることができていた。友人と協力して活動することや粘り強く取り組むことを、この題材を通して身に付けることができたと思う。

（平野 玲奈）

どこどこ？
おひっこし！

A 表現（1）イ，（2）イ，
B 鑑賞（1）ア，〔共通事項〕（1）ア，イ

1 題材の目標

①「知識及び技能」

・自分の感覚や行為を通して，形や色などに気付く。

・画用紙やクレヨン，はさみに十分に慣れるとともに，手や体全体の感覚などを働かせ，表したいことを基に表し方を工夫して表す。

②「思考力，判断力，表現力等」

・引っ越しの話を聞いて感じたこと，引っ越しの道筋や行き先を自由に想像したこと，工夫してつなぎ合わせた紙の形などから表したいことを見付け，引っ越しの様子を思い浮かべながらどのように表すかについて考える。

・自分たちの作品の造形的な面白さや楽しさ，表したいこと，表し方などについて，感じ取ったり考えたりし，自分の見方や感じ方を広げる。

・形や色などを基に，自分のイメージをもつ。

③「学びに向かう力，人間性等」

・楽しく引っ越しの様子を絵に表したり鑑賞したりする活動に取り組み，つくりだす喜びを味わうとともに，形や色などに関わり楽しい生活を創造しようとする。

2 題材設定や指導の工夫について

　本題材は，引っ越しの様子を絵に表したり鑑賞したりする活動を通して資質・能力の育成を目指すものである。

①「知識及び技能」

　「知識」の習得のために，かきたいものの大きさや位置関係に合わせて紙を継ぎ足せるようにし，紙の大きさに制限されず感覚を働かせながら思いのままにかけるようにした。

　「技能」の習得のために，使い慣れたクレヨンを用具とし抵抗なくかけるようにするととも

に，紙をつないだり貼り替えたりしながら創造的に表すことができるようにした。

②「思考力，判断力，表現力等」

「思考力，判断力，表現力等（発想や構想）」の育成のために，引っ越しの話を聞いて期待感をもち，引っ越しの主人公を考え小さな紙でつくることで，主体的な発想を促した。また，紙同士をつないだ形の面白さや紙面の広がりの感じを基に，発想や構想ができるようにした。

「思考力，判断力，表現力等（鑑賞）」の育成のために，自分や友達の作品の中で主人公を動かしたり，自分の作品と友達の作品を行き来したりする遊びの中で，造形的な面白さや楽しさを感じながら主体的に鑑賞できるようにした。

「思考力，判断力，表現力等（イメージ）」の育成のために，自分の引っ越しの主人公を小さな紙でつくり，その主人公の気持ちになって想像を広げることができるようにした。

③「学びに向かう力，人間性等」

「学びに向かう力，人間性等」の涵養のために，自分の絵の主人公にとってどんな引っ越しや暮らしがよいかを題材を通して考え活動することで，表す喜びを感じられるようにした。

3 題材の全体計画（全6時間）

時間	学習活動　☆子供の様子	○留意点　□評価の観点
1次 （45分）	引っ越しの様子を想像し表したいことを見付ける。 ☆引っ越しの主人公を考え，小さな紙にかいて切り抜く。	○引っ越しの話や主人公づくりで期待感を高める。 □【思考・判断・表現（発想や構想）】指導に生かす評価
2次 （180分）	引っ越しの様子を思い浮かべ，紙をつなぎ合わせながらかく。 ☆もともと住んでいた家や場所をかく。 ☆紙をつなぎ合わせることで引っ越し先への道順をつくりながらかく。	○イメージをもてない子供には，紙をつないだ形から考えるように促す。 □【思考・判断・表現（発想や構想）】記録に残す評価 □【知識・技能】記録に残す評価
3次 （45分）	広い場所で完成作品を床に並べ，遊びながら鑑賞する。 ☆自分の主人公を手に友達の作品の中へ遊びに行ったり，自分の作品と友達の作品を新たな道でつないだりして楽しむ。	○作品と作品の間に細長い紙を置くことで，簡単に作品同士をつないで楽しむことができるようにする。 □【思考・判断・表現（鑑賞）】記録に残す評価 □【主体的に学習に取り組む態度】活動全体を通して把握し，最後に記録に残す。

4 評価規準

知識・技能	思考・判断・表現	主体的に学習に取り組む態度
【知識】自分の感覚や行為を通して，形や色などに気付いている。 【技能】画用紙やクレヨン，はさみに十分に慣れるとともに，手や体全体の感覚などを働かせ，表したいことを基に表し方を工夫して表している。	・形や色などを基に，自分のイメージをもちながら，引っ越しの話を聞いて感じたこと，引っ越しの道筋や行き先を自由に想像したこと，工夫してつなぎ合わせた紙の形などから表したいことを見付け，引っ越しの様子を思い浮かべながらどのように表すかについて考えている。 ・形や色などを基に，自分のイメージをもちながら，自分たちの作品の造形的な面白さや楽しさ，表したいこと，表し方などについて，感じ取ったり考えたりし，自分の見方や感じ方を広げている。	つくりだす喜びを味わい楽しく引っ越しの様子を絵に表したり鑑賞したりする学習活動に取り組もうとしている。

5 材料や用具

□**教師**…十六切画用紙（子供数×４〜５枚程度），八つ切画用紙，水性カラーペン，面ファスナー，共同絵の具，古新聞紙，細く裁断した画用紙，

□**子供**…クレヨン・パス，はさみ

6 授業展開

1 想像を広げ表したい引っ越しの様子を思い付く（１次）

　始めに，教師自身の引っ越しの経験を話して聞かせ，引っ越しをしたことのある子供の話も聞いた。話を聞くことにより「引っ越し」というもののイメージをもち，自分なりの引っ越しを考えて絵に表そうという意欲と期待感をもてるようにした。

　次に，誰の引っ越しにしたいか，どこからどこへどんな道筋で引っ越しをすると楽しいかなどを問いかけ，想像を膨らませ自由に発想や構想をさせていった。引っ越しの主人公を本人に限定せずに，好きな動物や自分で考えたキャラクターなど，誰でも，

また何人でもよいとすることで，型にはまらない自由な引っ越しを想像できるようにした。ここでは思い付いた引っ越しの主人公や引っ越しの様子を友達と自由に話し合ったり，思い付いたことを書きだしたりする時間を確保しておき，すぐに思い付かずとも想像を楽しめるようにしたい。

　子供が引っ越しの主人公を思い付いた頃合いを見計らい，その主人公を小さな紙にカラーペンでかき，周りをはさみで切り取らせる。大きさは手のひらに乗るくらいとし，後にかく引っ越しの絵の上で操作し楽しめるようにしておく。ここでも，満足のいくまでかき込んだり好きな人数（枚数）をつくる時間に余裕をもたせ，でき上がったものを友達に見せたり会話を楽しんだりする様子を見守りたい。その中で一人一人が引っ越しの行き先や道筋などのイメージを広げ，表したいことを思い付くことができるようにしていった。

　「妹と２人で引っ越すよ」「おすしの家族のお引越しね」「恐竜とたまごの引っ越しだよ」等，主人公を考えるだけでもわくわくする子供の様子が見られた。主人公をつくるこの段階では，「荷物をたくさん運ぶから荷物もつくっておきたいな」「電車で引っ越しをしたいから電車に乗った主人公をかいておこう」等，それぞれの意図をもって表現を工夫する子供もいる。そのような工夫は大切に支援する一方，必要以上に周囲に知らせたり工夫を勧めたりはせず，一人一人から発想が生まれるのを待ち，自分が発想した喜びを感じられるよう配慮したい。

●【思考・判断・表現（発想や構想）】指導に生かす評価

　魚の形を10も20もかいては切り抜いている子供がいた。「家族なの？」と声をかけると，「そう，魚はたくさん家族がいるからね。イカの家族もつくろうかなあ。海のお引っ越しだよ！」と，やる気いっぱいである。小さな思い付きを大きく膨らませていくことができるように，子供の思いに寄り添った声かけを行う。「すごいねえ，大波が起きそうだね」「違うよ先生，陸に上がるんだよ」「ええ～？？」という具合である。この子供は一つ一つのかき方が多少雑になっていたが，数多くつくりたいがためと判断できたので，「一匹もなくしてはだめだよ，大切な家族だからね」と一匹一匹に思いをもてるような声かけを行った。

2　引っ越しの様子を思い浮かべ，紙をつなぎ合わせながらかく（2次）

　紙の辺と辺をのりで貼り合わせながら引っ越し先への道順をつくるやり方を実演して見せた。大きくかきたいところは八つ切の画用紙も使えることを示した。縦，横程度の単純なつなぎ方を見せ，自分が気に入るなら違うつなぎ方をしてもよいと伝えることで，「自分ならもっと工夫したつなぎ方ができかもしれない」という発見への意欲をもてるようにした。

　自分のつくった引っ越しの主人公と，八つ切，十六切の紙数枚を手元に置き，自分の想像した引っ越しの様子をクレヨンでかき始める。もともと住んでいた家や場所をまずはかき，紙を

継ぎ足しながら引っ越しの道筋をかいていくと時系列で発想を広げることができて楽しいが，先に紙をつなぎたい子供は先につないでかき始めるのもよい。またイメージをもちにくい子供は，紙と紙をまずはつなぎ合わせてみて，できた形の面白さや紙面の広がりの感じを基に表したいことを思い付けるようにするとよい。

　標準的な机の大きさや子供数からするとつなぐ紙の枚数は5〜6枚程度がかきやすいが，さらにつないで遠くまで，この場所は大きくといった考えをもつ子供には枚数を増やして長く継ぎ足したり部分的に大きな紙をつないだりできるようにする。

　背景などの広い面は，共同絵の具を使い，刷毛や筆，スポンジ等で着彩できるようにした。

　自分なりの引っ越しのストーリーをかきだしていく，題材のメインとなる活動であるため，

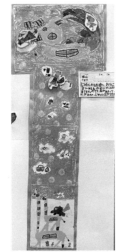

「それでそれで？」「最後にはどこに着くのかな？」等声をかけながら子供が気持ちを乗せてのびのびとかくことができるように支援する。

　子供の工夫は様々である。「ここでロケットに乗り換えて宇宙の家まで行くんだよ」「きのこの家は木の上にあるよ」「ボタンを押すと出てくるスライダーでお引っ越しするんだよ」「虫の引っ越しは地下の世界だよ」「家族だけが渡れる川があるよ」「エレベーターが飛ぶからここはすごくこわいよ」「ワープゾーンを見付けられる？」……。楽しい発想を教師もともに楽しみたい。

　活動の終わりには小さく切った面ファスナーを手渡し，主人公を自分の絵の好きな場所に貼り付けたり位置を動かして遊んだりできるようにした。主人公は遊びやすいようにラミネートをしておくのもよい。

● 【思考・判断・表現（発想や構想）】記録に残す評価

　絵に表されていることから読み取ることに加え，「どうしたらこんなに面白いことを思い付けたの？」のように，よさの理由を尋ねてみると，子供は自分の思いや表現の過程を嬉しそうに教えてくれる。会話を通してその子供の発想や構想の様子を理解し記録に残した。

　「空の上にお引越しだよ。空の上の鳥の形の家にはプールがあってね，時々風が当たって水が落ちると地面に届いて花が咲くんだよ（写真の作品）」場所と引っ越し先の家を大切に関係付けて豊かに発想を広げていることが読み取れた。

● 【知識・技能】記録に残す評価

　電車の好きな子供が，家の入口から線路を伸ばし，もっと紙，もっと紙，と紙をつなぎ合わせながら長い紙面をつくり，大きくのびのびとクレヨン動かし色彩豊かに電車をかきだす様子や，形や色に着目している様子を見取り，記録に残した。

3　床などの広い場所に完成作品を並べ，遊びながら鑑賞する（3次）

　「あそぼう　みんなのおひっこし」と題して，広い場所で完成作品を床に並べ，作品で遊びながら鑑賞するようにした。具体的には，自分の引っ越しの主人公を友達の作品の中で操作しながら引っ越しを体験する。また，作品と作品の間に細長い紙を置いて行き来のできる新たな道をつくりだしたり，その道にクレヨンで自由にかいたりするなどの活動を行った。

　作品を見て気付いたり感じたりすることを中心とした活動にするため，作品同士をつなぐ紙はあらかじめ細長く裁断しておき，簡単な操作で楽しめるようにした。

　活動の途中で自分の作品の自慢や見所を紹介したり，活動の終わりに友達の作品の面白さや楽しさを発表したりすることで，自他の活動や鑑賞を振り返ることができるようにした。

● **【思考・判断・表現（鑑賞)】記録に残す評価**

　「このベッドに寝てみてもいい?」等，友達の作品の世界に入り込んで楽しむ様子を観察し，子供が着目している個所や作品の特徴などを読み取って記録に残した。また，「○○さんの家は海の中にあるから私の家と川でつないだよ」等，見て感じたことを遊びや表現に生かす姿を見取り記録に残した。

● **【主体的に学習に取り組む態度】記録に残す評価**

　活動全体を通して，発想や構想，鑑賞することなどに対して粘り強く取り組んでいたかどうかなどの視点で子供の姿を捉え，最後に記録に残した。

指 導を終えて ● ●

　かきたいことに合わせて紙を継ぎ足しながら，好きなように表す様子はのびのびとしていた。子供同士お互いの絵の内容に関心をもち，面白さや楽しさをともに感じ合う楽しい雰囲気が生まれていた。私も同じように，子供の引っ越しに同行しているような気持ちで，それぞれのストーリーを楽しんだ。絵の内容にその子なりの夢や希望がつめこまれていて，そのことを嬉しく思った。

（門脇あずみ）

はさみでチョキチョキ ～ならべてつくろう おもしろアート～

A 表現（1）イ（2）イ
B 鑑賞（1）ア，〔共通事項〕（1）ア，イ

1 題材の目標

①「知識及び技能」

・自分の感覚や行為を通して，いろいろな形などに気付く。

・はさみやのりの使い方に慣れ，手や体全体の感覚などを働かせ，表したいことを基に表し方を工夫して表す。

②「思考力，判断力，表現力等」

・いろいろな形を基に自分のイメージをもって表したいことを見付け，好きな形や色を選んだり，いろいろな形や色を考えたりしながら，どのように表すかについて考える。

・自分たちの作品の造形的な面白さや楽しさ，表したいこと，表し方などについて，感じ取ったり考えたりし，自分の見方や感じ方を広げる。

③「学びに向かう力，人間性等」

・楽しくはさみで紙をどんどん切って，できた形から絵に表す活動や鑑賞する活動に取り組み，つくりだす喜びを味わうとともに，形や色などに関わり楽しい生活を創造しようとする。

2 題材設定や指導の工夫について

　本題材は，黒い紙に切った画用紙を並べて絵に表す活動を通して資質・能力を育成するものである。

①「知識及び技能」

　「知識」の習得のために，子供の切った形や組み合わせた形を見て，そのよさを認める声をかけた。また，形に着目しているつぶやきを捉え，全体に広めた。

　「技能」の習得のために，子供が思い付いた工夫をすぐに表せるように材料や用具を用意したり，思いにあった表し方を選択できるよう，見付けた表し方を掲示したりした。

② 「思考力，判断力，表現力等」

「思考力，判断力，表現力等（発想や構想)」の育成のために，自分のイメージが膨らむよう材料に自由に触れ，思いを膨らませる時間を大切にした。また，紙の切り方や置き方・組み合わせ方を教師が示し，その面白さやよさ等を全体で感じたり考えたりする場になるようにした。

「思考力，判断力，表現力等（鑑賞)」の育成のために，子供たちが新たに見付けた技法や製作過程を適宜紹介した。また，子供たちが互いに作品を見合えるよう学習形態を工夫した。

③ 「学びに向かう力，人間性等」

「学びに向かう力，人間性等」の涵養のために，導入で学習活動の見通しをもたせたり，子供の「やってみたい」という思いを引き出したりできるようにした。

3 題材の全体計画（全3時間）

時間	学習活動　☆子供の様子	○留意点　□評価の観点
1次 (45分)	はさみの正しい使い方を確認し，思いのままにどんどん切ることを楽しむ。 ☆正しいはさみの使い方で紙を切る。 ☆「ギザギザ」「クルクル」等，オノマトペを使って思いのままに紙を切る。	○正しいはさみの使い方を示す。 ○教師が実際にやって見せたり，思いのままに切っている子供の取り組み方や切り方を紹介したりする。 □【知識・技能】指導に生かす評価
2次 (60分)	切った形から自分が面白いと思う形を見付け，黒い台紙の上に置いたり，並べたりして，作品をつくる。 ☆思いのままに切った形に触れながら，どの形を使おうか考える。 ☆どんどん試しながら，自分の表したいことを見付ける。 ☆表したいことを表すために，切った紙の置き方や組合せ方を工夫する。	○子供の様子を見ながら，言葉に耳を傾けたり，共感的に声をかけたりする。 □【思考・判断・表現（発想や構想)】指導に生かす評価・記録に残す評価 □【知識・技能】記録に残す評価
3次 (30分)	作品を完成させ，「おもしろアート鑑賞会」を行う。自他の作品の面白いと思ったところや楽しいと感じたところ等について話し合う。	○作品の見方の視点を与えたり，助言したりする。 □【思考・判断・表現（鑑賞)】記録に残す評価 □【主体的に学習に取り組む態度】活動全体を通して把握し，最後に記録に残す。

低学年

中学年

高学年

4 評価規準

知識・技能	思考・判断・表現	主体的に学習に取り組む態度
【知識】自分の感覚や行為を通して，いろいろな形などに気付いている。 【技能】はさみやのりに十分に慣れるとともに，手や体全体の感覚などを働かせ，表したいことを基に表し方を工夫して表している。	・形や色などを基に，自分のイメージをもち，表したいことを見付け，好きな形や色を選んだり，いろいろな形や色を考えたりしながら，どのように表すかについて考えている。 ・形や色などを基に，自分のイメージをもち，自分たちの作品の造形的な面白さや楽しさ，表したいこと，表し方などについて，感じ取ったり考えたりし，自分の見方や感じ方を広げている。	・つくりだす喜びを味わい楽しくはさみで紙をどんどん切って，できた形から絵に表す学習活動や鑑賞する学習活動に取り組もうとしている。

5 材料や用具

□**教師**…白い八つ切画用紙（様々な形や大きさ），黒い四つ切画用紙（人数分）
□**子供**…はさみ，液体のり，貼ってはがせるのり

6 授業展開

1　学習活動を知る（2次）

　2次は，前時に子供たちが思い思いに切った白い紙を黒い画用紙に並べ「おもしろアート」を作成していく時間である。導入では，

①**子供が，学習の見通しをもつことができる。**

②**子供の「やってみたい！」という思いを高める。**

③**言葉を吟味してできるだけ短くする。**

ということを意識して行った。実際の授業では，教師が演示を行った。「むき」「ばしょ」「合体（紙の組み合わせ）」等，子供たちが作品をつくるときに大切にしてほしいことをキーワードで紹介し，板書に位置付けた。その際，一方的

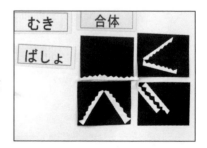

キーワードを位置付けた板書

な説明にならないように，子供とやりとりをしながら，進めていった。また，子供が活動の中で新たにアイデアを出すことができるように，導入で出すキーワードも厳選した。

　また，演示の中で教師が紙をずらし，「向き」や「組み合わせ方」を変えることで，見え方が大きく変わるということも示した。

● 【知識・技能（知識）】【思考・判断・表現（発想や構想）】指導に生かす評価

　活動が始まると，どの子も真剣に自分の持っている紙とじっと向き合う姿が見られた。自分のお気に入りの形を見付けて，向きを変えたり，組み合わせたりしている姿などを捉え指導に生かした。

2　思いを表現する（2次）

　展開では，子供たちが切った形を基に，自分の思いを大切にして表したいことを見付けたり，工夫して表現したりした。子供同士が関わり合って高め合えるようにグループで学習を進めた。

　どの子も真剣な表情で自分の切った紙に目を向けていたので，子供の思考を止めることのないように，まずは，活動を見守った。活動が進むと，机間巡視をしながら，「子供が何を考えているのかな」「どんなことをしているんだろう」と子供の表情，手の動き，つぶやき等の様子を見ながら声かけをした。声かけでは，子供のよいところを取り

上げるように努め，見付けた頑張りや工夫を捉え，グループや学級全体に広めた。

● 【思考・判断・表現】指導に生かす評価　記録に残す評価

　多くの子供たちが楽しみながら活動を進めている中で，悩んでいる顔をしていたのがA児だった。グループの友達もその様子に気付き，「どの形が好き」と聞いたり，「この形面白いよ。使ったらいいんじゃないかな」と声をかけたりする姿が見られた。しかし，口を閉ざし，首を傾けたまま，じっと自分の切った紙を見ていた。

A児がつくった作品
題名：たくさんの鳥が飛ぶ夢の中

①今，頑張っているところを伝える。

> T：Aさんすごいね。さっきから見ているけど，ずっと考えているね。自分の納得できる作品
> を頑張ってつくろうとしている気持ちが伝わってくるよ。何か悩んでる？

　まず，A児の取り組み方を認める声をかけた。A児は，質問に対して「どの形も好きだ
から，全部使いたい」と話した。

②子供の活動や思いに共感する。活動の見通しをもたせる。

> T：全部使いたいと思ったんだね。一生懸命頑張って切ったもんね。そう考えているAさんが
> 素敵だね。今，Aさんがもっている形を使おうとしているのかな。くねくねしていると
> ころが何かに見えるね。何だろう。
> C：ん〜鳥の羽みたい。

　A児が次の活動への見通しがもてたようだったので，その場を離れ，A児を見守った。
A児は，形を組み合わせ，活動を進め始めた。そのタイミングを逃さず，声をかけた。

③子供の学びを深める言葉がけ

> T：集中して，丁寧につくっているね。（取り組みの様子を認める）作品のイメージがわいて
> きたんだね。どんな作品にする予定なのか教えてほしいな。（次の活動への見通し）
> C：くねくねした形がやっぱり鳥の羽に見えたから，鳥が飛んでいる作品にしようと思う。
> T：くねくねしているところが鳥の羽に見えたんだね。（共感）鳥の羽に見えたなんて先生も
> 思い付かなかった。素敵なアイデアだね。（発想を認める）これからどうなっていくのか
> 楽しみだな。（中略）
> ここは，大きいのと小さいのを並べたんだね。違う大きさを並べると親子で飛んでいる
> みたいだね。違う大きさを並べるなんて素敵だね。（表現への意味付け・価値付け）

　A児は，楽しみながら自分でイメージを広げ，作品をつくりあげることができた。A児
の完成した時の笑顔は，とても素敵だった。

　その一方で，グループで対話しながら作品づくりを進めていくうちに，隣の友達と同じ
ような作品をつくる子供もいた。同じような作品に対しては，違っているところを見付け
て，そのよさを伝え，その子らしい表現ができるように支援することが大切だと学んだ。

3　学習を振り返る（2次）

　授業の中で子供の様子を伺いながら，作品や取り組みの様
子を大型テレビに映し，作品の紹介や表現の仕方で工夫した
こと等を伝え合った。そうすることで，自他の作品を見つめ，
新たな考えや感じ方をもったり，次時への意欲を高めたりす

大型テレビでの提示

ると考えた。

● 【知識・技能】記録に残す評価

　終末で，一人の作品を提示した。作品を見た子供たち
は，「いろいろな向きに貼ってあっていいね」「小さく切
った形が散らばっていて，すてき」等とつぶやいていた。
そして，「次の完成させる時間に，はみ出して貼ってみ
よう」「小さく切った形を使ってみよう」等と友達の姿
から次時への思いを膨らませる姿が見られた。

終末で提示した作品

　２次で，自分の表したいことの表現の仕方に悩んでいたB児は，終末に見付けた友達の
作品のよさを３次の作品を完成させる時間に取り入れ，生かす姿が見られた。その一方で，
低学年ということもあり，友達の作品を見ることで，発想や活動が大きく変わる子供の姿
も見られた。授業のねらいや子供の実態と照らし合わせ，鑑賞の機会をどの場面で設定す
るか考える必要があると感じた。

はみ出しを取り入れるB児

小さく切った形を貼るB児

指導を終えて ●●

　「僕が，今年一番心に残っているのは図工です。たくさん考えて，アイデアが思い浮か
んだときは，嬉しかったです。それに，友達と話をしながらつくると仲よしになれました。
友達が『すごい』と言ってくれたことも嬉しかったです。来年も，図工をするのが楽しみ
です」

　子供が書いた一年間の思い出である。私自身，図工の授業の進め方が分からず悩んだ。
先輩の先生方に学び，研修を重ねる度に，図画工作科の楽しさに気付き，子供のよさをた
くさん見付けることができた。これからも，授業研修に励み，子供が輝く授業づくりに努
めていきたい。

（高橋 和也）

低学年　立体　全4時間

おめでとうのうれしい かたち

A 表現（1）イ，（2）イ，
〔共通事項〕（1）ア，イ

1 題材の目標

①「知識及び技能」

・粘土を触った感じや，粘土を練ったり形をつくったりする行為を通して，形や色などに気付くとともに，粘土に水を混ぜて手で練る，丸める，跡を付ける，伸ばすなどしながら粘土に十分に慣れ，手や体全体の感覚などを働かせ，表したいことを基に表し方を工夫して表す。

②「思考力，判断力，表現力等」

・粘土に触れながら感じたこと，想像したことから表したいことを見付け，好きな形を選んだり，いろいろな形を考えたりしながらどのように表すかを考える。

・粘土を練ったり丸めたり跡を付けたり伸ばしたりしてできた形を基に，自分のイメージをもつ。

③「学びに向かう力，人間性等」

・粘土の感触を味わいながら，楽しく粘土を練って「うれしいかたち」を立体に表す活動に取り組み，つくりだす喜びを味わうとともに，形や色などに関わり楽しい生活を創造しようとする。

2 題材設定や指導の工夫について

　本題材は，粘土の感触を味わいながら，楽しく粘土を練って「うれしいかたち」を立体に表す活動を通して，資質・能力の育成を目指すものである。

①「知識及び技能」

　「知識」の習得のために，粘土の粉末と水を混ぜて練って粘土をつくるところから始め，十分に粘土に触れて楽しみながら粘土の感じを味わうことができるようにした。

　「技能」の習得のために，手や体全体の感覚や自分の気持ちが一体となって技能を働かせられるよう，粘土を練ったり丸めたり伸ばしたりひねりだしたりするなど，児童が手や体全体の

感覚などを働かせていろいろと試み，自分の表したいことを工夫して表すことができるようにした。

②「思考力，判断力，表現力等」

　「思考力，判断力，表現力等（発想や構想）」の育成のために，粘土に触れながら感じたこと，やうれしかった体験，想像したことから自分で表したいことを見付けられるようにした。

　自分のイメージをもつために，粘土に十分に触れて感覚を働かせると同時に，「おめでとう」「うれしい」などの言葉をヒントに自分の体験を思い出せるようにした。

③「学びに向かう力，人間性等」

　「学びに向かう力，人間性等」の涵養のために，水と粉末を混ぜて練ってつくった自分の粘土と時間をかけて関わり，粘土の感覚を楽しみながら，表したい形を思いつき，やきものとして焼成し壊れない形として完成することを考えに入れながら，楽しく表した。

3 題材の全体計画（全4時間）

時間	学習活動　☆子供の様子	○留意点　□評価の観点
1次 （90分）	粉末のテラコッタ粘土に水を少しずつ混ぜながら，粘土を練ってつくる。（500g〜1kg）丸めたり，好きな形をつくったりして粘土を楽しむ。 ☆粘土の粉末の感触を楽しむ。 ☆少しずつ水を混ぜることによって変化する粘土の感覚を楽しみながら粘土をつくる。 ☆思い付いた形をつくってみる。	○体全体で粘土と関わることができるよう，十分に時間を取る。 ○子供たちが自分の感じたことを肯定的に受け止められるように，つぶやきを受け止め，楽しんでいる行為を認める言葉かけをする。 □【主体的に学習に取り組む態度】指導に生かす評価
2次 （90分）	「うれしいかたち」をテーマに，つくりたい形を思い付いてつくる。 ☆嬉しかった体験などからイメージを広げて，つくりたい形を見付ける。 ☆やきものの粘土の注意点について知る。	○子供が思い付いた形をのびのびと形にする楽しさを味わわせる。 ○形をつくる時に空気を抜くことやどべで接着すること，壊れやすい形について注意を促す。 □【思考・判断・表現（発想や構想）】記録に残す評価 □【知識・技能】記録に残す評価 □【主体的に学習に取り組む態度】記録に残す評価

4 評価規準

知識・技能	思考・判断・表現	主体的に学習に取り組む態度
【知識】粘土を触った感じや，粘土を練ったり形をつくったりする行為を通して，形や色などに気付いている。 【技能】粘土に水を混ぜて手で練る，丸める，跡を付ける，伸ばすなどしながら粘土に十分に慣れるとともに，手や体全体の感覚などを働かせ，表したいことを基に表し方を工夫して表している。	粘土を練ったり丸めたり跡を付けたり伸ばしたりしてできた形を基に，自分のイメージをもち，粘土に触れながら感じたこと，想像したことから表したいことを見付け，好きな形を選んだり，いろいろな形を考えたりしながらどのように表すかを考えている。	粘土の感触を味わいながら，楽しく粘土を練って「うれしいかたち」を立体に表す学習活動に取り組もうとしている。

5 材料や用具

□**教師**…テラコッタ粘土粉末（1人×1kg弱），粘土板，粘土べら，子供が水を入れるお椀，流しに置くバケツ，机に敷く新聞紙，粘土保管時の名札と粘土を置くトレー，粘土を包むビニール袋，割れ防止の加工のための竹ぐし

□**子供**…古タオル，ヘラがわりの鉛筆

6 授業展開

1 子供が材料と出会う。粉末のテラコッタ粘土に水を少しずつ混ぜながら，粘土を練ってつくる（1次）

　図工室に入り，「今日は粘土だ！」と張り切る子供たち。準備を終えたところで，「今日は粘土のモトを配るよ」と声をかけると，「粘土のモト？」と今までと違う粘土に興味津々。粘土板の上に，バサッ，バサッと置かれる粘土粉末に「うわぁ！」と目を見張り，指でつついたり，手のひらで触ったり，思い思いに触れていく。「さらさら！」「やわらかい！」「気持ちいい〜」「煙が出ているよ」などと，水を混ぜる前から，子供たちは様々に感覚を働かせながら材料を感じていた。

握りこぶしを見せて「グー２個分くらいの粘土をつくろう」と体で分かるように目安を伝えると，水を混ぜて粘土をつくり始める。水は，一気に入れすぎることがないよう，少しずつお皿から手ですくって入れるようにした。「固まってきた！」「持てたよ」と下向きに手を持ち上げると，粘土が塊でくっついている。「重くなった！」「ベタベタだぁ」と粘土の変化を感じ取る。教師が，活動の様子を見つつ，粘土に水が多すぎたら「はい，お代わり！」と粉末粘土を足し，粘土の固さを調節できるようにした。

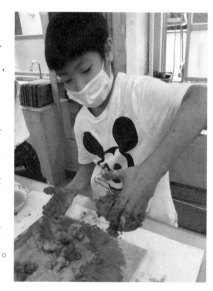

「みんなのほっぺたくらいの固さにしてください」と伝え，子供たちはちょうどよい固さになるように練っていた。そして，できた粘土で自然と何かをつくって遊び始めていた。最後に大きなお団子にして，トレーに置いてある名札の上に置いたら完成。粘土たちは「来週までおやすみなさーい！」。

指導の中で，材料の扱い方として，粘土を流しに流さないこと，バケツの水ですすいでから，水道で仕上げ洗いをすることなども伝えた。

● 【主体的に学習に取り組む態度】指導に生かす評価

子供たちが十分に粘土に触れ，感覚を働かせて関わることでこれからの製作への関心や意欲につながるように，時間を十分に確保した。子供たちが思い思いに感じ，考えられるように教師は待つ。そして，急がせることなく，粘土の変化に合わせて聞こえてくる子供の気付きの声を受け止めていく。

２　粘土に触れながら感じたことや，うれしかった体験，想像したことから表したいことを見付ける（２次）

先週つくった自分の粘土を一人一人手渡して行く。「前より気持ちいい！」「冷たい！」受け取ると子供たちはまた何かをつくり始める。粘土と子供は仲がいい。「今回はやきものの粘土なので，焼いた時に割れないように，粘土から空気を抜きます」と，塊の粘土を頭の高さから粘土板に何回も落とす空気抜きの作業をしたが，ベタン！と落ちた粘土が粘土板で変形することが楽しくて嬉しそうな声が上がる。

「みんながつくった特別な粘土で『うれしいかたち』をつくってみよう」と提案すると，「誕生日のケーキとプレゼント」「温泉に行ったのが嬉しかった」「新しい猫が来たこと」「大好きな公園」「嬉しい自分」「ハートの入れ物」など様々な自分のうれしいことや嬉しいものを思い付いていた。自分の嬉しかった体験や想像したことに加え，今まで粘土に触れた中でできた形やつくったものからもイメージを広げて，思い思いのつくりたい形を見付けていた。

● 【思考・判断・表現（発想や構想）】記録に残す評価

表したいことを見付けた子供から「うれしいかたち」を発表した。友達の発想やイメージを知ることによって，最初は見付けられなかった子供も表したいことを見付けたり，「もっといいこと思いついた！」と発想を膨らませたりする子供もいた。発言や活動から見て取れる発想を，教師の座席表に記録した。子供によってはつくりながら形を変えていくことがあるが，そのような記録も取るようにした。そのことによって，子供の思いの変化に教師が気付くことができる。

3　自分の表したいことを基に工夫して表す（2次）

いよいよ「うれしいかたち」をつくり始める。つくる時の手がかりになるように，形をひねり出してつくる方法と，パーツをつくりやきもの特有の接着方法であるどべを使って接着してつくる方法を提案したが，子供たちはここまでの活動の中で，十分に粘土に馴染んでいたようで，自分のつくり方でせっせと手を動かして形をつくっていく。提案したつくり方の他，手のひらで叩きながら大きなおせんべいのような形をつくる子供もいて，自分なりにつくりたい形に合わせてつくり方を工夫している。体全体で粘土に関わった経験に加え，お団子にする，ヘビをつくる，などの今までの経験を生かしながら，指先で細かな部分や飾りもつくり始める。

今回は十分に手で粘土に触れて感覚を働かせることを目的に，粘土べらを使わなかったが，細い部分の表現をしたいと思った時にできるよう，この段階では鉛筆を使ってよいこととした。子供たちは，普段の使い方通りに，何かを書くように粘土の上に飾りや模様をかいたり，顔をつくったりするのに自由に使っていた。

● **【知識・技能】記録に残す評価**

　本物のケーキを思い出しながら，スポンジ，フルーツ，クリームなどを丁寧につくって組み合わせたり，顔のパーツを細い粘土紐でつくって組み合わせて貼ったりする姿が見られた。形や色などに着目しながら自分の表したいものに合わせて工夫して表す姿を，座席表に記録したり，活動の様子の写真記録を残したりした。

4　粘土の感触を味わいながら，思い付いた表したい形を楽しく表す（2次）

　これまでずっと大きな塊の粘土を触っていたからか，どの子供もそのまま大きく形をつくり始めていた。子供たちの動きは生き生きと，粘土に対してためらいがない。

　つくっているうちに，物語が進んで行くように形が変化した子供がいた。思い巡らしながらつくりつくりかえ，粘土で表すことを楽しんでいた。また，やきものとして焼成されて形が残るということ，いつもの粘土とは違って「お茶碗のように硬くなる」ということも，つくる意欲をかき立てたようであった。

● **【主体的に学習に取り組む態度】記録に残す評価**

　「ばんざいしている自分」として自分をつくった子供，「犬がいて楽しい」と犬をつくった子供など，聞いてみるとそれぞれに思いがあり，それぞれのうれしい形を表している。その思いを聞き取って座席表に記録したり，作品の写真を撮影し記録として残したりした。

指導を終えて ●●

　今まで自分の粘土でつくる時は小さくなりがちだった子供も，今回の授業ではのびのびと大きくつくっている様子が興味深く，子供たちがたっぷりと粘土と触れ合ったからこその動きだと感じた。子供たちが夢中になると，図工室から声が消える瞬間がある。今回も，感覚を働かせながら，体で考えているかのように手で，体全体で粘土と関わり，表したいことを見付け，口は閉じているけれど目では生き生きと語っている子供たちがいた。土粘土は，子供たちが思いに合わせて形を変えやすい魅力ある材料だと改めて感じた。

（藤岡　奈々）

低学年 工作 全4時間

ふしぎなポケットから

A 表現（1）イ，（2）イ，
B 鑑賞（1）ア，〔共通事項〕（1）ア，イ

1 題材の目標

①「知識及び技能」
・自分の感覚や行為を通して，形や色などに気付く。
・身近で扱いやすい紙箱や空きカップなどの材料や用具に十分に慣れるとともに，手や体全体の感覚などを働かせ，表したいことを基に表し方を工夫して表す。

②「思考力，判断力，表現力等」
・自分がしたいことやできたらいいなということについて想像したことから，表したいことを見付け，好きな形や色を選んだり，いろいろな形や色を考えたりしながら，どのように表すかについて考える。
・自分たちの作品の造形的な面白さや楽しさ，表したいこと，表し方などについて，感じ取ったり考えたりし，自分の見方や感じ方を広げる。
・形や色などを基に，自分のイメージをもつ。

③「学びに向かう力，人間性等」
・楽しく想像したことを実現できる道具を工作に表したり鑑賞したりする活動に取り組み，つくりだす喜びを味わうとともに，形や色などに関わり楽しい生活を創造しようとする。

2 題材設定や指導の工夫について

　本題材は，想像したことを実現できる道具を工作に表したり鑑賞したりする活動を通して資質・能力の育成を目指すものである。

①「知識及び技能」
　「知識」の習得のために，身近で扱いやすい材料の形や色に着目しながらつくっている子供に対して，子供が表した形や色について子供と対話し，価値付けたり，意味付けたりした。
　「技能」の習得のために，2次において，表し方を工夫している作品について，学級全体で

話し合う場を設定し，それぞれの工夫を価値付けた。

②「思考力，判断力，表現力等」

　「思考力，判断力，表現力等（発想や構想）」の育成のために，表したいことを見付ける場面では，学級全体でしたいことやできたらいいなということを話し合う場を設定し，話し合ったことを基にして，板書にまとめた。どのように表すか考える場面では，自分の作品を紹介するカードを作品の隣に置き，自他の作品について見合う活動を設定した。

　「思考力，判断力，表現力等（鑑賞）」の育成のために，題材の終末において，子供同士が作品で遊び，自他の作品を鑑賞する活動を設定した。

　「思考力，判断力，表現力等（イメージ）」の育成のために，作品に対する子供の発言をよく聞き取ったり，活動する姿や表現について対話したり，質問したりした。

③「学びに向かう力，人間性等」

　「学びに向かう力，人間性等」の涵養のために，子供が「23世紀デパート」というお店の商品開発部に所属しているという設定で学習を行い，活動に向かう意欲を高める工夫をした。

3 題材の全体計画（全4時間）

時間	学習活動　☆子供の様子	○留意点　□評価の観点
1次 （20分）	自分がしたいことやできたらいいなと思うことを想像して表したいこと（道具）を見付ける。 ☆自分のしたいことやできたらいいことについて，自分で考えたり，学級全体で話し合ったりする。	○子供の意見をよく聞き，想像したことを実現できる道具をつくっていこうと提案する。 □【思考・判断・表現（発想や構想）】指導に生かす評価
2次 （140分）	自分の道具について，表したいことに合わせて表し方を工夫して表す。 ☆自分や友達の道具で遊んでみる（商品テスト）。 ☆友達の作品を見に行く（出張）。	○作品に対して試行錯誤したり，友達と関わり合ったりして作品をつくってもよいことを伝える。 □【思考・判断・表現（発想や構想）】指導に生かす評価 □【知識・技能】記録に残す評価
3次 （20分）	友達と作品で遊びながら見合う。 ☆作品を使って，遊びながら作品を見合う。	○友達と作品で遊んで楽しもう。 □【思考・判断・表現（発想や構想）】記録に残す評価 □【思考・判断・表現（鑑賞）】記録に残す評価 □【主体的に学習に取り組む態度】活動全体を通して把握し，最後に記録に残す。

4 評価規準

知識・技能	思考・判断・表現	主体的に学習に取り組む態度
【知識】自分の感覚や行為を通して，形や色などに気付いている。 【技能】身近で扱いやすい紙箱や空きカップなどの材料や用具に十分に慣れるとともに，手や体全体の感覚などを働かせ，表したいことを基に表し方を工夫して表している。	・形や色などを基に，自分のイメージをもちながら，自分がしたいことやできたらいいなということについて想像したことから，表したいことを見付け，好きな形や色を選んだり，いろいろな形や色を考えたりしながら，どのように表すかについて考えている。 ・形や色などを基に，自分のイメージをもちながら，自分たちの作品の造形的な面白さや楽しさ，表したいこと，表し方などについて，感じ取ったり考えたりし，自分の見方や感じ方を広げている。	つくりだす喜びを味わい楽しく想像したことを実現できる道具を工作に表したり鑑賞したりする学習活動に取り組もうとしている。

5 材料や用具

□**教師**…紙箱，空き容器，色画用紙，折り紙，セロハンテープ，両面テープ，身近な材料
□**子供**…紙箱，空き容器，はさみ，カラーペン，身近な材料

6 授業展開

1　自分がしたいことやできたらいいなと思うことについて，一人で考え，その後学級全体で話し合う（1次）

　まず，自分がしたいことやできたらいいなと思うことについて，その願いを叶える道具をつくるという題材のめあてについて子供と確認した。導入の際は，「23世紀デパート」という架空のデパートの商品開発部に所属している設定で，自分の願いを叶える道具をつくっていくという学習活動の設定を行った。

　自分がしたいことやできたらいいなと思うことについて十分に考える時間を確保したかったため，学習の流れとして，①一人で考える時間，②学級全体で考える時間と区切って行った。①においては，国語科の学習「あったらいいな，こんなもの」（『こくご二下』光村図書）とも関連して，子供が考えを出しやすくなるようにした。②においては，学級全体で，一人一人の願いについて共有した後に，一つの願いを選び学級全体でどのような道具をつくることができそうか考えていった。具体的には，「空を飛ぶ」という願いを選び，考えていった。話し合い

の様子は以下の通りである。

> C1　「足の筋肉に電波を送って，回転をさせる道具」
>
> T　　「それは足に付けることができるね。何か体に付ける道具で他に浮かんだ人いる？」
>
> C2　「服にジェットみたいなのを付けて，飛ぶ」
>
> T　　「それは，速そうだし，かっこいいね。他はどう？」
>
> C3　「スーパーマンみたいにマント」
>
> T　　「そうだね。体に付けるよね。じゃあ，別に全く違うのが浮かんだ人いる？」
>
> C4　「私は，帽子につばさが付いたものはどうかなと思いました」
>
> T　　「お，それはいいね。空を飛ぶのって，つばさがあるよね。帽子に付けたのだね。
> 　　　さっきあっちで，つばさを背負うって声もあったね」

　話し合いを板書にまとめていく際には，子供の考えを明確にしたり，価値付けたり，意味付けたり，さらに引き出したりしていくことで，つくる活動に移る際に思いが膨らむようにした。

社員証

氏名の他に，自分の願いも記入する
ようにした。

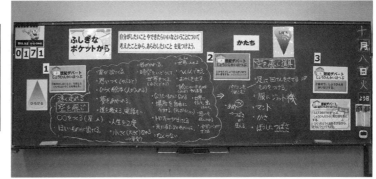

● 【思考・判断・表現（発想や構想）】指導に生かす評価

　学級全体での話し合いの場面を動画で撮影した。教師との対話から子供が表したいことを見付けていく様子について確認した。この際に，子供の考えを明確にしたり，価値付けたり，意味付けたり，さらに引き出したりすることを意識して対話した。また，学級全体での話し合いの前に，近くの子供同士で話し合う時間も設定したため，その様子についても動画で確認した。

2　子供が，表したいことに合わせ，表し方を工夫して表す（2次）

　子供が表したいことを見付けた後は，好きな形や色を選んだり，いろいろな形や色を考えたりしながら，どのように表すかについて考えるように場の設定や材料について工夫したり，学

級全体で工夫について話し合ったりした。

　場の設定については，グループになって，グループの
友達と自他の作品を見合うようにした。また，材料置き
場を教室の中央に設置したことで，他のグループの友達
の作品も見て自分の席に戻るような動線にした。材料に
ついては，低学年でも扱いやすい紙箱や空き容器，色画
用紙などを用意した。

　学級全体で工夫について話し合う活動については，２次の中盤で好きな色を選んだり，いろ
いろな形や色を考えたりして作品をつくっている子供の作品を取り上げ学級全体で話し合うこ
とで，知識の習得を目指した。

　学級全体で意見を聞くことで，子供は自分では気が付かなかった工夫に気付き，次の活動に
生かしている姿が見られた。

● **【知識・技能】記録に残す評価**

　子供が自分の思いに合うように，材料を選んで組み
合わせたり，色を選びつくっている姿を見取り記録に
残した。子供との対話から，子供の思いを知り，製作に
至った過程を知り，評価した。対話することもあれば，
黙々と製作している子供に対しては活動を見守り，行
動観察をするなど，子供の気持ちを考えて評価した。

3　子供が作品を見合ったり，作品を使って，子供同士で遊んだりする（3次）

　子供が作品を見合ったり，作品を使って，子供同士で遊んだりす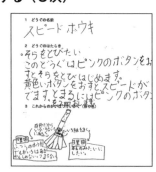
るために，「23世紀デパート」の社員という設定を使い，作品を見
合う活動を「出張」，作品を使って，子供同士で遊ぶ活動を「商品
テスト」として活動を行った。

　「出張」については，時間を設定して行った。その場に作者が不
在になるため，作品の側に作品を紹介するカードを置いた。子供は
カードを読むことで作品について知り，さらに気になったことにつ
いては，作者に作品に対する質問をする姿も見受けられた。

作品を紹介するカード

　「商品テスト」については，特に時間を指定せずに，子供が必要だと感じたら子供同士で作
品を紹介したり，作品で遊んだりするようにした。自分でつくった作品を友達に紹介し，実際
に使い遊ぶことで，「もっと，○○を□□したい」というような気持ちが生まれ，さらに作品
をつくっていく姿が見受けられた。

● 【思考・判断・表現（発想や構想）】記録に残す評価

　子供同士の活動の様子について，作品についてどのような話し合いをしているのか聞き，写真や動画に残した。時には子供同士の話し合いに加わり，作品について質問したり，価値付けたりした。また，必要感から子供同士が作品で遊ぶ姿も見付け，教師も一緒になって，作品で遊ぶこともした。

4　子供が自他の作品を鑑賞する。（3次）

　子供が自他の作品を鑑賞するために，作品で遊ぶ活動を取り入れた鑑賞を設定した。自分の願いを叶えるための道具であるため，実際に「ごっこ遊び」を取り入れることで，子供たちは自他の作品を鑑賞していた。

　作品の形や色から，「これは○○という願いを叶える道具なんだね」というような子供同士の会話も聞くことができた。自分では気が付くことができなかった形や色も友達の作品を鑑賞することで気が付き，自分の見方・感じ方を広げている子供の姿も見受けられた。

● 【思考・判断・表現（鑑賞）】記録に残す評価

　透明容器に油性ペンで青緑色に着色して，その部分から作品を覗いて，海の世界を表現する作品があった。製作者ではない子が鑑賞し，「沖縄県の海の色だ」と言っていた。「青色じゃないんだね」と続き，製作者が「（物語の）『リトルマーメイド』っぽくしたかったんだ」という会話になり，製作者ではない子が感心し，海の色の表現について自分の見方・感じ方を広げている場面があった。自他の作品を鑑賞することで，見受けられる子供の姿である。

指導を終えて ●●

　この題材を実践し，さらに子供同士が自分の表したいことを見付け，工夫して表すためには，どうすればいいのか深く考えるようになったと感じる。自分の思いに合うように材料を選んだり，子供同士で関わったりなど様々な選択肢が子供の中で増えたと思う。

（安藤　健太）

キラキラちょうちょと どこいこう？

B鑑賞（1）ア，〔共通事項〕（1）ア，イ

1 題材の目標

① 「知識及び技能」

・「キラキラちょうちょ」と一緒にいろいろな場所へ行き，身の回りの造形を見る時の感覚や行為を通して，形や色などに気付く。

② 「思考力，判断力，表現力等」

・「キラキラちょうちょ」を通して見る身の回りのものや自然の造形的な面白さや楽しさについて，感じ取ったり考えたりし，自分の見方や感じ方を広げる。

・形や色などを基に，自分のイメージをもつ。

③ 「学びに向かう力，人間性等」

・楽しく「キラキラちょうちょ」を通して身の回りのものや自然を鑑賞する活動に取り組み，つくりだす喜びを味わうとともに，形や色などに関わり楽しい生活を創造しようとする。

2 題材設定や指導の工夫について

　本題材は，「キラキラちょうちょ」と身の回りのものや自然を鑑賞する活動を通して資質・能力の育成を目指すものである。

① 「知識及び技能」

　「知識」の習得のために，自分でつくった蝶を基に身の回りの造形を鑑賞する活動を通して，自分の蝶に愛着をもち，一体となっていろいろな場所へ関わることで，楽しみながら形や色に着目できるようにした。

② 「思考力，判断力，表現力等」

　「思考力，判断力，表現力等（鑑賞）」の育成のために，蝶の羽にOHPフィルムを用いることとした。身の回りをキラキラと飛んだり止まったりする楽しさから活動を広げ，進んで見たり感じたりすることができるようにした。

「思考力・判断力・表現力等（イメージ）」の育成のために，子供が見付けたことを教師が写真に撮ることで，心に感じた気持ちに気付いたり話したりすることが活発になるようにした。

③「学びに向かう力，人間性等」

「学びに向かう力，人間性等」の涵養のために，教室内にあらかじめ蝶を飾っておき，自分でもつくって遊んでみたいという気持ちを高めさせた。また，活動中は蝶を通して見えるものを問いかけ，子供の気付きを認めていくことで，身の回りの造形に関心をもつことができるようにした。

3 題材の全体計画（全2時間）

時間	学習活動　☆子供の様子	○留意点　□評価の観点
1次 （30分）	見て感じたことを基に，自分だけのキラキラちょうちょをつくる。 ☆材料を切って組み合わせ，好きな色で塗ったりかいたりしてつくる。 ☆友達と見せ合い，交流する。	○手の平大の蝶を目安に思いに合ったつくり方ができるよう，扱いやすい大きさの材料を用意する。
（45分）	キラキラちょうちょといろいろな場所へ行き，楽しいことやものを見付ける。 ☆空間を飛んでみたり，ものや場所に止まらせてみたりする。 ☆校庭に出て，自然や風景，光の造形などを捉える。	○身の回りを意識しやすいように教室から活動を始め，視点を共有し，屋外へと場所を広げていく。 □【思考・判断・表現（鑑賞）】記録に残す評価 □【知識・技能（知識）】記録に残す評価
（15分）	写真で自他の活動を振り返り，面白さや楽しさを感じ取る。	□【主体的に学習に取り組む態度】記録に残す評価

4 評価規準

知識・技能	思考・判断・表現	主体的に学習に取り組む態度
【知識】自分の感覚や行為を通して，いろいろな形や色などに気付いている。	形や色などを基に，自分のイメージをもち，「キラキラちょうちょ」を通して身の回りのものや自然の造形的な面白さや楽しさなどについて，感じ取ったり考えたりし，自分の見方や感じ方を広げている。	つくりだす喜びを味わい楽しく「キラキラちょうちょ」を通して身の回りのものや自然を鑑賞する学習活動に取り組もうとしている。

5 材料や用具

□**教師**…OHP フィルム，紙の端材，竹ぐし，カラーペン，色鉛筆，セロハンテープ，カメラ
□**子供**…鉛筆，はさみ

6 授業展開

1 キラキラちょうちょと出会い，自分だけのちょうちょをつくる（1次）

「今日は久しぶりに雨が上がったので，図工室にキラキラちょうちょさんが来てくれたようです」「え，どこどこ？」「あ，あそこにいる！」そんなやり取りから授業を始めた。子供たちは私が手に取った蝶を目で追い，つくることへ期待を膨らませている。小さな蝶なので，「たくさんつくっていいの？」と質問をしてくる子供もいた。「今日はちょうちょさんと一緒にお出かけをするから，一つだけ，お気に入りをつくるんだよ」と伝える。それならば，と，どんな形や色にしようか考え出す子供たち。OHPフィルムは紙を切る感覚からすると滑りやすい材料なので，安全指導も含めて簡単につくり方を示した。配られたOHPフィルムを手に取って感触を確かめたり，顔にかざして透け方を楽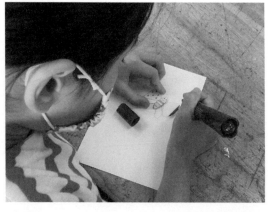しんだりした後，思い思いにつくり始めた。「羽は何色にしようかな？」「もっと身体を大きくしたいな」「触覚も付けていいのかな？」など，様々なつぶやきなが聞こえてくる。できた子供の蝶に竹ぐしを取り付けて手渡すと，嬉しそうにヒラヒラと動かし，まるで自分自身に羽が

生えたかのように生き生きと教室内を歩き出した。順々に竹ぐしを取り付けていくと、子供たちは「仲間が増えた！」と喜び、蝶になったつもりで自己紹介をし合ったり、互いの蝶の形や色のよさを認め合ったりして遊び始めた。自分の蝶に愛着をもち、一体になって周りに関わろうとする姿が自然に現れていた。

2 キラキラちょうちょといろいろな場所へ行き、楽しいものやことを見付ける（1次）

全員の蝶ができたところで、「ちょうちょさんと一緒に図工室をお散歩してみましょう。ちょうちょの気持ちになって見ると、どんな楽しいものがあるかな？」と投げかけた。友達と互いの蝶を見合って楽しんでいた子供たちが、周りの環境へ目を向ける。ある子供が、普段はビニールシートで覆われていた絵の具置き場に気が付いた。図工室での授業が始まったばかりの2年生の子供にとって、初めて目にするものだった。「これ何だろう、なんか楽しい」とつぶ

やきながら蝶をポットの蓋に止まらせる。すると一緒に来た友達が、「これはシロップだよ。いろんな味の」と言った。色とりどりの絵の具のポットが所狭しと並び、ポットの淵から垂れた絵の具が固まりついている様子から、イメージをもったのだろう。他の子供も蝶を近づけ、「おいしい、おいしい。これはイチゴ味だね」「白は何味かな？」などと言って楽しさを共有していた。私はそうした発見や感じ方を捉え、価値付けていった。自信をもった子供たちは、他にはどんなものや場所があるだろうと探し始めた。模造紙が載せられた棚に蝶を跳ねるように乗せ、「ふかふかのお布団があるよ」と言って友達を呼ぶ子供や、すずらんテープが陳列している様子や空間の感じから「お花畑があったよ」と伝えてくる子供がいた。竹とんぼの様にくるくると竹ぐしを回していた子供には、私の方から「あそこで楽しいことがあるみたいだよ」と言って友達の盛り上がりの中へ誘いかけるようにした。子供たちも蝶が集まる様子を楽しみ、「こっち来て」と、あちらこちらで誘い合っていた。

少ししてから、撮っておいた写真を全体に見せ、どんなことがあったのか問いかけた。「これは○○なんだよ」「知ってる、○○なんだよね」と解説する子供や、「なるほど、そんな面白いこともあったのか」と見方や感じ方を広げている子供の姿が見られた。私は「これから校庭へお出かけしましょう。外の世界には、もっといろいろなものがありそうだね」と伝えた。「やったー！」と歓声をあげ、「本物のお花があるよ」「芝生だってある！」と活動への期待を口にしていた。

校庭の広い空間に出ると、蝶を空高く掲げて思い思いに駆け出していく。写真を撮ってもらえることを知った子供たちは、次々と私を呼んだ。私は発見を認めながら、「見てみて！」の

続きを，子供が自ら話したくなるような関わり方を心がけた。ある子供は花壇の中から気に入った草花を見つけて伝えに来た。私は「ちょうちょさん，楽しそうだね？」と，蝶の視点に沿って共感的な言葉をかけ，子供が話しやすい雰囲気をつくるようにした。すると，「この花は小さくて蜜は吸えないんだけど，小さい花が集まって紫陽花みたいで綺麗だなって。ちょうちょさんが見てるの」と感じたことを話していた。プランターに植えられていたシロタエギクを見付けた子供は，真っ白な葉の様子から，「ねぇねぇ，ここすごいよ！」と友達を呼んだ。葉の間に蝶を潜らせながら，「本当だ，不思議な感じだね」「サンゴみたい。ここは海なんだよ」「そうだ（日陰で）涼しいし，海の世界だね」と，お話をつくって感じ方を共有していた。百葉箱の鎧壁の形の面白さに気

付いた子供は，板の重なり部分に蝶を近付けながら，「お〜い，みんな。ここから不思議な箱に吸い込まれるよ，気を付けて」と言って，想像を楽しんでいた。一方，校庭に出た開放感からか，ジャングルジムに登って遊びたがっている子供がいた。安全上遊具には登らない約束を確認した上で，蝶の気持ちになってどんなものが見えるか問いかけた。すると近くにいた友達が，「ここはちょうちょしか入れない迷路なんだよ」と言い，格子の間を蝶が潜り抜けるように動かして見せた。その子はそれを面白そうだと感じたのだろう，体を小さくしてジャングルジムの中に入り，蝶で辿りながら格子に囲まれた空間を味わっていた。また，枝の形や遊具の曲線を辿ったり，水たまりの波紋を見つめたりと，一人でじっくりと鑑賞している子供の姿もあった。そうした時にはこちらからは語りかけず，つぶやきに耳をすませながら様子を見守った。

　この授業は，図工室での活動を写真により視覚的に共有したことが，その後の個々の活動の充実につながったように思う。あるクラスの授業では写真を見せる時間を省き，子供の言葉による発表だけをして校庭へと移動したが，どんな場所へ行って活動すればよいか迷いを見せる子供もいた。写真を見ることによって，自身の活動を客観視して面白さを確かめたり，友達の鑑賞の仕方からイメージを持ったりすることができたのだろう。また，自分ももっと楽しいものを見付けて写真に撮ってもらおうという意欲から，様々な造形を見ようとする姿勢につながった面もあるようだ。

● 【知識・技能（知識）】【思考・判断・表現（鑑賞）】記録に残す評価
　子供が互いの蝶を比べて見たり，蝶を介してものや空間を辿ったりしている様子から，形や色などを捉えていることが評価できる。また，捉えたことに基づいて，想像したり考えたりしていることが，子供が話す様子から評価することができた。静かに活動している子供には，何に着目してどんな楽しさを感じているのか，つぶやきを拾ったり身振りや表

情から読み取ったりしながら記録に残すようにした。

3　写真で自他の活動を振り返る（1次）

　図工室に戻り，スクリーンに活動の写真を映した。自分や友達の活動を解説する子や，「この時ね，こう思ったんだ」と，気持ちを振り返って語る子がいた。写真で初めて知った活動については，それぞれに驚いたり面白がったりしている。最初は教師の方から質問を投げかけていたが，段々と子供たち主体で話を進行し，面白さを共有している姿が見られた。

● 【主体的に学習に取り組む態度】記録に残す評価

　写真は子供の意欲を刺激するが，ともすれば誰が写っているかや，自分はいつ映るかなどに気持ちが向いてしまうこともある。活動を通し，蝶の目になり，蝶の気持ちになって見ることを子供に語りかけてきたことで，造形的な視点で見ようとする姿勢が子供たち全体に広がっていった。振り返りで子供たちが語りだした場面では，話をする姿，注目し耳を傾ける姿から主体的に鑑賞しようとする態度を評価することができた。

指 導を終えて ●●

　晴天での活動として計画した題材だが，実践ができたのは長く続く雨の切れ間であった。雨上がりの校庭では，遊具をつたい落ちる雫や，湿った樹木の色など，そこにしかない造形を見つめる子供の姿があった。図画工作の活動を考えるにあたり，季節や時間，子供の興味や心情に広く意識を巡らせておき，子供にとっての必然性をもたせていくことを大切にしたいと思う。今回は，久ぶりに外に出られた喜びが，雨上がりに自由に飛び回る蝶のイメージと重なり，生き生きとした活動につながった。それまでは表情を見せずに活動することの多かった子供も，自ら感じた楽しさを話してくれたのは嬉しいことである。これからも子供の「やってみたい」という気持ちを引き出し，図画工作を通して豊かな感性を育んでいきたいと思う。

（丹羽　貴美恵）

紙のミミで…

A 表現（1）ア，（2）ア，
B 鑑賞（1）ア，〔共通事項〕（1）ア，イ

1 題材の目標

①「知識及び技能」

・自分の感覚や行為を通して，紙の形や組み合わせなどの感じが分かる。

・紙の組み合わせや，用具の使い方を工夫したりするなどして，手や体全体を十分に働かせ，活動を工夫してつくる。

②「思考力，判断力，表現力等」

・材料の紙や活動する場所などを基に造形的な活動を思い付きながら，どのように活動するかについて考える。

・自分たちの活動の造形的なよさや面白さ，いろいろな造形的な活動などについて，感じ取ったり考えたりし，自分の見方や感じ方を広げる。

③「学びに向かう力，人間性等」

・切り落とし紙や図工室という場所と進んで関わりながら活動に取り組み，つくりだす喜びを味わうとともに，楽しく豊かな生活を創造しようとする。

2 題材設定や指導の工夫について

　本題材は，切り落とし紙と図工室という場所を基に造形遊びをする活動を通して資質・能力の育成を目指すものである。

①「知識及び技能」

　「知識」の習得のために，並べる・折る・丸める・切る・重ねる・つなげる・纏うなどの行為を大切にした導入や声かけを準備し，そこから生まれた形や触り心地の違いなどに気付いていけるようにした。

　「技能」の習得のために，扱いやすい大きさや固さの紙を用意した。ショキン，パチンとはさみで気持ちよく切る中で，いろいろな形や表し方に出会ってほしいと考え，カッターナイフ

は要望があれば出すという設定にした。

② 「思考力，判断力，表現力等」

「思考力，判断力，表現力等（発想や構想）」の育成のために，机の上に大量の切り落としの紙を広げた状態で材料に出会わせることで，材料や場所のスケールを大きく，活動の形態を自由に提示した。

「思考力，判断力，表現力等（鑑賞）」の育成のために，子供の活動を想定して場所を確保し，やりたいことに合わせて集ったりショウイングができたり，机の上でやっていることに気付いたりできるようにした。

「思考力，判断力，表現力等（イメージ）」の育成のために，大量の切り落としの紙を用意し，紙のもつ一般的な目的性を遠ざけ，その場の活動で子供が感じたことを基にイメージをもつことができるようにした。

③ 「学びに向かう力，人間性等」

「学びに向かう力，人間性等」の涵養のために，自分たちの作品の面白さ，感じていることや行為を共有していけるような流れを大切にした。

3 題材の全体計画 （全2時間）

時間	学習活動　☆子供の様子	○留意点　□評価の観点
1次 （15分）	机に広げられた大量の切り落とし紙と出会い，紙の特徴や量を感じる。 ☆細長い形の紙がいっぱいある。形ごとに分けてみよう。 ☆集めて机の上で大きな星の形にしてみたよ。	○紙の量や特徴，活動の場を意識できるようにする。 □【思考・判断・表現（発想や構想)】指導に生かす評価
2次 （75分）	紙だからできること，たくさんあるからやれることややってみたくなることを見つけていく。 ☆折ったり，丸めたりしてみたらどうかな。 ☆床の上に並べていったら道みたいになったよ。足跡の形に切った紙も並べてみようかな。 ☆ステープラーで留めた形を投げたら，回りながら落ちてくる。	○行為の中から生まれてきた自分の思いや物語，身体感覚を大切にしながら活動できるようにする。 □【思考・判断・表現（鑑賞)】記録に残す評価 □【思考・判断・表現（発想や構想)】記録に残す評価 □【知識・技能】記録に残す評価 □【主体的に学習に取り組む態度】活動全体を通して把握し，記録に残す。

4 評価規準

知識・技能	思考・判断・表現	主体的に学習に取り組む態度
【知識】 自分の感覚や行為を通して，紙の形や組み合わせなどの感じが分かっている。 【技能】 紙の組み合わせや，用具の使い方を工夫したりするなどして，手や体全体を十分に働かせ，活動を工夫してつくっている。	・材料の紙や活動する場所などを基に造形的な活動を思い付きながら，どのように活動するかについて考えている。 ・自分たちの活動の造形的なよさや面白さ，いろいろな造形的な活動などについて，感じ取ったり考えたりし，自分の見方や感じ方を広げている。	材料や場所と進んで関わりながら活動に取り組み，つくりだす喜びを味わいながら活動しようとしている。

5 材料や用具

□**教師**…画用紙の切り落とし，クレヨン・パス，セロハンテープ，ステープラー
□**子供**…はさみ，のり

6 授業展開

1 紙と出会う（1次）

学校の印刷室の片隅に積み上げられている切り落としの画用紙。結構きれいで，形も揃っているのに，いつの間にか片付けられていて，ああもったいないなと思う。実はドバドバ処分されている紙がある一方，「先生，白い紙もらってもいいですか」と，子供は少し遠慮がちに所望する。図工室の机に配られる白い画用紙は出発の感じがしてワクワクするし，今日はどん

な絵をかくんだろうとか，何をつくるんだろうかとかちょっと緊張もする。図工の時間，子供が紙を前にして何を思い，紙が子供をどんな風に動かしていくのかと考えた。

図工室に入ると，机の上には切り落としの細長い画用紙がびっしりと置かれている。「これは紙のミミです。サンドイッチのパンのミミみたいに切って使わない端っこの紙なの」「えー，もったいない！」と材料を紹介する。この紙を自由に使っていいことや，活動しやすい場所，

やりたいことに合った場所でやっていいことを伝えた。

まずは机を覆っている紙をどうにかしなければならない。大きさに合わせて揃えながら気に入った紙を選ぶ子供，紙を動かしていたら何かの形に見えてきて，みんなで並べ替えているチーム。今日の紙に目的はない。子供と紙が一緒に動き出す。

●【思考・判断・表現（発想や構想）】指導に生かす評価

ばらばらだった紙を集めると線が面になっていき「机に絵がかけるよ」と机の上で形をつくりはじめたチーム。机の上の紙をどうにかするという最初のアクションを皮切りに，自然に友達との関わりが生まれてくる。「机全体使うのも面白いね」「他にもこんな場所でできそうってところを見付けてやってもいいよ」と，活動場所への意識を子供の中で広げられるきっかけとした。

2　紙と考える，動く（2次）

紙は切ったり折ったり丸めたりすることができる。折った紙を机に並べてみると不思議なトンネルみたいに見えるからもっとやってみようとか，どこまで長い紙を立てていけるかなど，簡単な造作の中からじわじわと子供のやってみたいことが生まれてくる。紙と向き合うこの時間，友達は何をやっているのかなと周りを見渡す時間，何となくお互いが吸い寄せられて活動がつながっていったり，逆に離れていったりする時間。対話や鑑賞とはっきりと設定しなくても子供は自分で活動を展開させていくので，材料や（自分や友達の）行為と向き合う時間をたっぷり設定する必要がある。

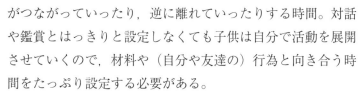

今回の紙は画用紙の切り落としであることから，新聞紙やひもなどのように材料そのもののサイズが大きい訳ではない。もちろんつなぐことで長くなり，「図工室を一周させてみよう」という活動にもなる。ついつい目に見えるダイナミックな活動を想定しがちになるが，机の上につくったトンネルを机すれすれで見ることで臨場感を味わったり，立てた紙のリズムや上から落ちてくる紙の動きを楽しんだり，細かく切り込みを入れた紙の手触りに驚いたり，子供の感じ取っている

ものは様々である。個々の活動に教師がシンクロすることで見えてくるものがあるので，子供と目線を同じにしたり実際に行為に加わってみることで有意義な評価ができる。

● 【思考・判断・表現（発想や構想）】指導に生かす評価

一人の女の子が紙を輪っかにして手の中でボヨヨーンとはずませて遊んでいた。「面白そうだね」と声をかけると「私なんにもやって（つくって）ないな」とつぶやいた。もちろん造形遊びなので「今日はボヨヨーンって楽しむことも大事なんだよ」と伝えた。もしかしたらこれでこの子の活動は終わってしまうかもしれないとも考えたが，彼女の楽しそうな行為とまだ十分な残り時間とを鑑みた上で「こんな風にしてみたら？」とか「違うことをやってみてもいいんだよ」などの声かけはしないでおいた。もし今手の中で感じていることを自分が納得できるイメージや活動につなげていければ，彼女にとって大きな学びに結びつくと思った。

3 紙と子供が重なる（2次）

活動も終盤になってくると子供の活動に意味や思いが見て取れるようになる。行為や感じたことが大切とはいっても，子供は無意味なことをただ続けたりはしない。スタートは無目的であったとしても，そこに何かしらのイメージや理屈が生まれてくるし，それらが生まれる瞬間やきっかけに立ち会えることで，活動の見方ががらっと変わることもある。

また，自分がやっていることが他者の目にどう映り，どう理解されるかといったショウイングの意識も同時に生まれてくるようだ。ステープラーで放射状につなげた紙を投げ，落ちてくるときの動きを楽しんでいた子供たち，一人はクモの巣の様に紙の隙間を意識しながらさらにつくり広げ，窓に飾った。もう一人はさらに紙をステープラーで重ねて留め，さすがに投げても面白くなくなったところでひもと洗濯ばさみで上から吊るした。まるで笠の様になった紙の下にもぐり込み「見て！　妖怪みたいでしょ」と声をかけてくる。吊っている紐を友達が引っぱると笠がバサバサ動き，妖怪らしさが増す。みんな大喜び

だ。物静かな男の子がつくった図工室一周の道の上にはいつの間にか足跡がついている。ぼくがここを歩いた，という事実の再現である。

● 【知識・技能（知識）】【思考・判断・表現（発想や構想）】記録に残す評価

　しばらくしてボヨヨーンの女の子のところに戻ると，輪っかはウサギになっていた。耳も付いていて，撫でると生きているみたいにポヨンと体がふるえて，つられて耳もピヨンと動く。よく見ると体の部分のふちが細く切り込まれていて，ウサギの毛並みを表している。イメージにつられて技能も働かせていることが分かる。

　同じような結果になったとしても，例えば「紙を丸めるとボヨンってなるね。じゃあこのボヨンを使ってどんなものをつくったら面白いかな？」という題材と，この子の様に，細長い画用紙を手にして何となく輪っかにすることを思いつき，触るとボヨヨーンってなる！　面白い！　と感じ，でもちょっと物足りないな。紙は白いし，柔らかいし，はずむ感じだし……そうだ！　ウサギだ！　と，それぞれの段階で実感をもちながら活動を展開させていったのとでは，過程の豊かさやイメージとの密接さが異なる。造形遊びや立体に表すこととのそれぞれの活動の中で，子供がどんな学びの方法を取るのかを予想し理解することが重要である。

指 導を終えて ●●

　教室に行った時「先生，見て見て」といって，小さな細長い袋の様なものを子供が見せてくれた。「ほらねこのおやつ！」と，袋の中からくしゃくしゃに揉んで柔らかくなったもう1枚の紙が出てきた。思わず笑ってしまったが，後からあの子はどんな順番であれを思いついたのかなと考えた。袋の形からだろうか，柔らかい紙からだろうか，それとも飼っている猫に見せてあげたい思いからだったのだろうか。

　学校で使う紙はかく，つくるなど目的があるものがほとんどだし，子供が自由にできる紙は多くない。その中で，手にした紙，そこにある紙でどんなことができるかな，何が自分を楽しくさせるかなと思い，つくりだすことを楽しめるような子供になって欲しい。1回の授業で子供の意識が大きく変わることはないだろうが，こういった経験を積み重ねていくことで，表し方の広がりやみんなでやることのよさ，共感してもらうことの嬉しさに少しずつ気付いていけるのではないだろうか。

（宮内　愛）

【中学年】【絵】【全5時間】

白山台小花咲け！プロジェクト
～咲かせよう自分の花・みんなの花～

A 表現（1）イ，（2）イ，
B 鑑賞（1）ア，〔共通事項〕（1）ア，イ

1 題材の目標

①「知識及び技能」

・自分の感覚や行為を通して，形や色などの感じが分かるとともに，共用絵の具や紙を適切に扱いながら，これまでの水彩絵の具の経験を生かして手や体全体を十分に働かせ，表したいことに合わせて表し方を工夫して表す。

②「思考力，判断力，表現力等」

・校内の美術作品を見ることをきっかけに，咲かせたい花や種などを想像し，表したいことを見付け，形や色，共用絵の具などを生かしながら，どのように表すかについて考えるとともに，自分たちの作品や校内にある美術作品などの造形的なよさや面白さ，表したいこと，いろいろな表し方などについて，感じ取ったり考えたりし，自分の見方や感じ方を広げる。

・形や色などの感じを基に，自分のイメージをもつ。

③「学びに向かう力，人間性等」

・進んで咲かせたい花を絵に表す活動や作品などを鑑賞する活動に取り組み，つくりだす喜びを味わうとともに，形や色などに関わり楽しく豊かな生活を創造しようとする。

2 題材設定や指導の工夫について

　本題材は，想像した花や種などを絵に表す活動を通して資質・能力の育成を目指すものである。

①「知識及び技能」

　「知識」「技能」の習得のために，想像した花を絵に表す活動を通して，材料や用具，かき方についての経験を生かし，大きな紙や刷毛などを使うことで手や体全体を十分に働かせ，表し方を工夫できるようにした。

②「思考力，判断力，表現力等」

　「思考力，判断力，表現力等（発想や構想）」の育成のために，想像した種をつくる活動からどんな花が咲くかを想像し，花を表現する設定にした。

　「思考力，判断力，表現力等（鑑賞）」の育成のために，校内にある画家がかいた絵を鑑賞し，同じ花でも様々な表現方法があることを知らせた。自分のイメージをもつために，ワークシートに簡単にアイデアスケッチをさせたり，ビデオ映像でホールに飾ることを確認したりした。

③「学びに向かう力，人間性等」

　「学びに向かう力，人間性等」の涵養のために，互いの絵を見せ合いながらよさや面白さを感じ取り，話し合ったり書いたりさせた。また，校内に展示し全校児童からメッセージをもらう活動を取り入れることで，目的や意味のあるものにし，作品を通した交流を楽しむようにした。

3 題材の全体計画（全5時間）

時間	学習活動　☆子供の様子	○留意点　□評価の観点
1次 （45分）	校内にある画家がかいた絵を鑑賞する。 ☆色・形・様子などに着目して，気付いたことをどんどん発言し交流する。	○画家の絵と一緒のホールに展示すること，全校児童にも見てもらうことを提案する。 □【主体的に学習に取り組む態度】指導に生かす評価
2次 （45分）	身近な花の作品から，「自分の種（球根）」を想像してつくる。	□【思考・判断・表現（発想や構想）】記録に残す評価
3次 （90分）	前時の種から，どんな花が咲くかを想像し，自分の思いに合った表し方で，咲かせたい花をかく。 ☆刷毛や筆，これまでに使ったことのある材料を使って，思いに合った絵をかく。	○太い筆や刷毛を使って大きな紙にかくことで，あまり細部にこだわらずにのびのびとかく楽しさを味わわせる。 □【思考・判断・表現（発想や構想）】記録に残す評価 □【知識・技能】記録に残す評価
4次 （45分）	互いの絵を見せ合いながらよさや面白さを感じ取り，話し合ったりワークシートに書いたりする。	□【思考・判断・表現（鑑賞）】記録に残す評価 □【主体的に学習に取り組む態度】記録に残す評価

4 評価規準

知識・技能	思考・判断・表現	主体的に学習に取り組む態度
【知識】自分の感覚や行為を通して，形や色などの感じが分かっている。 【技能】共用絵の具や紙を適切に扱うとともに，これまでの水彩絵の具の経験を生かして手や体全体を十分に働かせ，表したいことに合わせて表し方を工夫して表している。	・形や色などの感じを基に，自分のイメージをもち，校内の美術作品を見ることをきっかけに，咲かせたい花や種などを想像し，表したいことを見付け，形や色，共用絵の具などを生かしながら，どのように表すかについて考えている。 ・形や色などの感じを基に，自分のイメージをもち，自分たちの作品や校内にある美術作品などの造形的なよさや面白さ，表したいごと，いろいろな表し方などについて，感じ取ったり考えたりし，自分の見方や感じ方を広げている。	つくりだす喜びを味わい進んで咲かせたい花を絵に表したり鑑賞したりする学習活動に取り組もうとしている。

5 材料や用具

□**教師**…縦半分に切ったラシャ紙（人数分×2），アクリル絵の具，刷毛（大・中・小），箱ティッシュ，雑巾，バケツ大，つけ水入れ（人数分），ブルーシート，これまで使用してきた材料，はさみ，のり，スパッタリングの道具

□**子供**…パレット，筆

6 授業展開

1 校内にある画家がかいた絵を鑑賞する（1次）

本校のホール（白山台ホール）にある地域の画家がかいた花の絵を鑑賞した。これまで，身近にありすぎてじっくりと見たことのない絵のため，形や色，様子などに着目させると子供たちにとっては新鮮だったようだ。じっくりと鑑賞した後に，気が付いたことをどんどん発表したり，友達に共感しながら反応したりする子供の姿が見られた。中には，見え方の違いの面白

さに気付く子供もいた。「みんなの絵をここに飾れるとしたらどうする？」と問いかけると，子供たちの目が輝いた。「自分だけの花を咲かせてホールに飾ってみよう」と声をかけると，すでに「どんな花を咲かせようかな」と次時へ期待を膨らませる子供の姿が見られた。

> ● 【主体的に学習に取り組む態度】指導に生かす評価
>
> 　作品のよさや，表現の楽しさを見付けようとする子供の姿は，つくりだす喜びを共有しながら，楽しく豊かな生活を創造しようとしているといえると考える。「自分には思い付かない絵のかき方だ」と自分との違いに気付いた子供の姿などを取り上げ指導に生かした。

2　「自分の種や球根」を想像し，思いを込めてつくる（2次）

　前回の鑑賞を受けて，「あの絵の種はどんな種だろう？」と問いかけると，友達と話しながら思い思いに発言する姿が見られた。「みんなならどんな種からどんな花を咲かせる？」と問いかけて，ワークシートに大まかな花のイメージ図やイメージ文を書いた。思い付かない場合はかかなくてもよいこととした。「その花を咲かせるために，今回は種からつくります」と伝えると，始めは驚きの声が上がったが，すぐに子供たちの楽しみに変わっていった。想像を広げるきっかけとして，種のイメージ図はあえてワークシートにかかず，手を動かしながら種をつくった。好きな色から思い付いてもよいし，「こんな花を咲かせたい」という明確なイメージをもっていてもよいことを伝えると，グループの友達との会話の中で想像したことを言葉にしながら種をつくる姿が見られた。思いが膨らんで球根になった子供たちも多くいた。みるみるうちに種は完成し，種をつくり終えた子供たち

は満足そうだった。その後すぐに花をかくのではなく，店頭で並んでいる種や球根のようにホールに展示することを伝えた。全校児童の目に触れたり，励ましのメッセージをもらったりすることで，人と作品とが連携する心地よさや，見てもらえる喜びを感じさせたいと考えたからだ。子供たちは，休み時間ごとにメッセージを見に行ったり，嬉しいメッセージを見付けて笑顔になったりして，徐々に「全校児童を喜ばせたい」という気持ちの変化と共に，花の絵をかくことに思いを膨らませていった。

● **【思考・判断・表現（発想や構想）】記録に残す評価**

　子供たちは種をつくりながら，「ここを○○な感じにしたいんだ」「気に入った色ができたからこの種に決めた」等，自由に想像を広げて話し出す。その言葉を繰り返して認めてあげたり，黙々と活動する子供は表情と活動の様子を写真記録に残したりした。

3　自分でつくった種や球根からイメージを膨らませて，思い思いの花をかく（3次）

　3次の最初の1時間は，導入の10分が鍵となった。始めに，ビデオ映像で展示場所を確認したことで，意欲の高まりを感じた。また，どんな花をどのようにかきたいと考えていたのかを数名に発表してもらい，各自の花のイメージをもたせるようにした。ワークシートと手づくりの種も手元に置き，いつでも見られるようにした。さらに，「学習の最後には，完成していなくても，今のところどうかいたかを聞く」ということを予告してから授業に入ったことで，無理やり完成させなくてもよいという見通しをもち，安心して活動に取りかかることができた。

　活動中は，太い筆や刷毛を使って，大きなラシャ紙（縦半分）にかくことで，あまり細部にこだわらずにのびのびとかく姿が多く見られた。これまでの学習を生かして，自分の手を使ってスタンプしたり，曲線の楽しさを味わいながらぐいぐいとかいたりする子供がいた。悩みがちな子供は，自分でつくった種や球根を目の前に置き，途中でイメージを思い出しながらかく姿や，同じグループでかくことを楽しむ友達の様子

を見てから，勇気を出してかき始める姿が見られた。私は，子供が自信をもって表現できるように励ましたり，「ここには何がかかれるの？」と質問したりして各グループを回った。黙々とかく子供には，活動を妨げないよう見守った。

　この授業では，製作の途中で相互鑑賞ができるような場の設定をし，友達との自然な対話が生まれるように配慮していた。しかし，最初の1時間ではあまり有効に活用されていなかったように思う。子供にとって本時は，一生懸命自分の作品と向き合う時間だったようだ。より活発な会話や相互鑑賞が見られたのは，最初の1時間よりも次の1時間であった。自分の作品が完成に近くなると，友達と協力して離れて見たり，様々な用具を使ってみようという考えが浮かんだりしたようだ。

● 【知識・技能（技能）】記録に残す評価

　これまでの経験（用具の使い方や混色の仕方など）を作品に生かそうとしている子供の姿が評価できる。また，体全体を使ってのびのびとかく姿も評価できる。悩みがちな子供には，ワークシートでかき方を想起させたり，種や球根を実際に紙の上に置かせて，どんな風に茎が伸びるのか言葉で表現させたりして支援した。

4　互いの絵を見せ合いながらよさや面白さを感じ取る（4次）

　かいた絵はまず教室の黒板で掲示して近くで鑑賞できるようにし，その後，ホールに展示して鑑賞をした。近くで見るのとはまた違い，「みんなの花が咲いた！」と喜ぶ子供の姿が多く見られた。全校児童向けの掲示をしたことで，休み時間に多くの子供がホールに集まってみんなの花が咲いた喜びに浸る姿も見られた。

● 【思考・判断・表現（鑑賞）】【主体的に学習に取り組む態度】記録に残す評価

　友達との交流をワークシートに書くようにしたことで，どのような視点で作品を見たのかが評価できた。また，かいた花を，みんなが目にする広々としたホールに展示するという見通しをもつようにしたことは，鑑賞してもらうことへの期待感を高め，全校児童とのつながりを意識させられたと考える。

指導を終えて ●●

　実践後の感想を読むと，「みんなの花が咲いて幸せだと思った」「自信をもって表現できた」等の前向きな感想が多かった。その後の学習でも，臆せずに混色や用具の扱いを楽しみ，表現することに慣れた子供の姿を見て頼もしく思った。また，普段の学習や生活でも，自分の考えを発信しようとする子が増えた。これまで自分の殻に閉じこもっていて，一歩踏み出せなかった子供の変容というのはやはり嬉しい。この実践が，そのきっかけをくれたのだと思う。私が子供たちに願うのは，どんなに時代が変わっても，目の前にある様々な景色を楽しめる人であってほしいということだ。図工はその視点をくれる素晴らしい教科であり，それを生かしていくのは指導者次第だと思う。これからも，図工を通して生きていく喜びを子供たちと一緒に学んでいきたいと考えている。

（友田　節）

中学年 　絵 　全4時間

これにかいたらどんな感じ？

A 表現 （1）イ，（2）イ，
B 鑑賞 （1）ア，〔共通事項〕（1）ア，イ

1 題材の目標

① 「知識及び技能」

・自分の感覚や行為を通して，形や色などの感じが分かる。
・アクリル絵の具や水彩絵の具を適切に扱うとともに，前学年までの水彩絵の具についての経験を生かし，手や体全体を十分に働かせ，表したいことに合わせて表し方を工夫して表す。

② 「思考力，判断力，表現力等」

・材料の凹凸や質感，形，水の吸収する具合などから，表したいことを見付けることや，形や色，材料などを生かしながら，どのように表すかについて考える。
・自分たちの作品の造形的なよさや面白さ，表したいこと，いろいろな表し方などについて，感じ取ったり考えたりし，自分の見方や感じ方を広げる。
・形や色などの感じを基に，自分のイメージをもつ。

③ 「学びに向かう力，人間性等」

・進んで様々な材料の特徴から表したいことを見付けたり表したりする活動に取り組み，つくりだす喜びを味わうとともに，形や色などに関わり楽しい生活を創造しようとする。

2 題材設定や指導の工夫について

　本題材は，様々な材料の特徴から表したいことを見付けたり表したりする活動を通して資質・能力の育成を目指すものである。

① 「知識及び技能」

　「知識」の習得のために，小さめにカットしたいろいろな材料を用意し，その材料にかいた形や色の感じを味わう時間を十分に設けた。
　「技能」の習得のために，アクリル絵の具や水彩絵の具などのよさや面白さを生かしながら子供が表したいことを表せるように，それぞれの特徴をあらかじめ紹介するとともに，感じを

試すことができるように材料を十分に用意した。

② 「思考力，判断力，表現力等」

「思考力，判断力，表現力等（発想や構想）」の育成のために，材料にかいた感じを友達と交流し自分の見方を広げることができるように，座席をグループにし，自由に活動場所を選ぶことができるようにした。

「思考力，判断力，表現力等（鑑賞）」の育成のために，友達の作品や活動を自由に見て回れる環境を整えた。

「思考力，判断力，表現力等（イメージ）」の育成のために，絵の具を使った活動の前に，材料を触って，感じを友達と共有する時間を設けた。そして，活動の方法を限定せずに，表したいことを材料からイメージして表す活動や，表したいことをかきながら考える活動などいろいろな活動方法があることを伝え自分で選べるようにした。

③ 「学びに向かう力，人間性等」

「学びに向かう力，人間性等」の涵養のために，身の回りにある材料に注目し，かいてみたいと思う材料を探すことを提案することにより，形や色などに関わり楽しい生活を創造しようとする態度を養うようにした。また，一つの作品ができあがった子供には，別の材料にもかくことができるように材料を十分な量を用意しておいた。

3 題材の全体計画（全4時間）

時間	学習活動　☆子供の様子	○留意点　□評価の観点
1次 （90分）	・様々な材料を触って，感じを交流する。 ☆ザラザラする感じや，凸凹，ツルツルする感じを見付ける。 ・小さめにカットしたいろいろな材料に，その特徴を考えながら，絵の具を使ってかき，表したいことを見付ける。 ☆材料によって絵の具の感じが違うことに気付き，自分の好きな感じを見付ける。 ☆見付けた感じを友達に話したい。	○アクリル絵の具と水彩絵の具の特徴を伝え，材料に合わせて選択できるよう提案する。 ○前時の学習で習得した水の量も調節すると感じが変わることも確認させる。 □【知識・技能】指導に生かす評価，記録に残す評価
2次 （90分）	・材料を選んで，絵の具を使って表したいことを表す。 ☆凸凹だからどんな絵がかけそうかな。 ☆友達の見付けた発見を試してみる。 ☆裏から見ると透けているよ。	○活動場所を選び，友達と対話しながら活動したり，自分の見付けた感じを友達と共有したりしてもよいと伝える。 □【思考・判断・表現（発想や構想）】記録に残す評価 □【知識・技能】記録に残す評価 □【主体的に学習に取り組む態度】活動全体を通して把握し，記録に残す。

低学年

中学年

高学年

4 評価規準

知識・技能	思考・判断・表現	主体的に学習に取り組む態度
【知識】自分の感覚や行為を通して，形や色などの感じが分かっている。 【技能】アクリル絵の具や水彩絵の具を適切に扱うとともに，前学年までの水彩絵の具についての経験を生かし，手や体全体を十分に働かせ，表したいことに合わせて表し方を工夫して表している。	・形や色などの感じを基に，自分のイメージをもち，材料の特徴から，表したいことを見付け，形や色，材料などを生かしながら，どのように表すかについて考えている。 ・形や色などの感じを基に，自分のイメージをもち，自分たちの作品の造形的なよさや面白さ，表したいこと，いろいろな表し方などについて，感じ取ったり考えたりし，自分の見方や感じ方を広げている。	つくりだす喜びを味わい進んで様々な材料に描く学習活動や鑑賞する学習活動に取り組もうとしている。

5 材料や用具

□**教師**…アクリル絵の具，麻布，気泡緩衝材，片段ボール，布，新聞紙
□**子供**…水彩絵の具，クレヨン・パス，はさみ，かきたい材料

6 授業展開

1 様々な材料を触って，感じを交流する（1次）

　授業の始めに，教師が用意したいろいろな材料や，子供たち自身で用意した材料を教室で紹介し合った。教師が用意したものは，麻布や気泡緩衝材，片段ボール，布などで，子供は，ナイロン製のお弁当の包み紙，発泡スチロールなどを用意してきた。子供たちは，材料を触ってみたり，光に透かしてみたり，匂ってみたりして，材料のザラザラする感じや，凸凹，ツルツルする感じなど

の感触を確認していた。そして，材料を触りながら絵の具でかいたらどんな感じになるかをイメージしていた。そしてその感じた感触を，グループごとに配置された座席に座って，友達と

交流した。同じグループでの交流の中でも，気泡緩衝材を触って，ある子供は出っ張った部分に注目してできそうなことを話し，ある子供は凹んだ部分に注目しイメージしたことを話していた。

● 【知識・技能（知識）】指導に生かす評価

　材料を触りながら，丸めてみたり，こすってみたりしながら凹凸や柔らかさ，ツルツルした感じを確かめている子供がいた。その様子は，自分の感覚や行為を通して，形や色などの感じが分かっている姿であると捉え，その材料にどんなことが表せそうかなと声をかけて，形や色などからイメージを広げるきっかけにつなげた。

2　小さめにカットしたいろいろな材料にその特徴を考えながら，絵の具を使ってかき，表したいことを見付ける（1次）

　教師が用意した材料をあらかじめ小さくカットし，いろいろな材料にいろいろな描画材でかく活動ができるようにした。子供のもっている水彩絵の具の他に，共同で使えるアクリル絵の具を用意しておいた。そして，あらかじめ教師がそれぞれの絵の具がもつ特徴を簡単に説明し，子供が材料やかきたい感じに合わせて自由に選べるようにした。子供たちにとってはアクリル絵の具を使うのが初めての経験で，描く材料によって絵の具ののび方やにじみ方が違うことを発見したり，水彩絵の具が材料ににじむ面白さを感じたりしている様子だった。子供たちは，材料を触って感じを確認していたので，その特徴を生かして描画材を選んだり，材料と描画材の組み合わせから生まれる偶然の色や形の感じを楽しんだりしていた。また，小さくカットした材料をたくさん用意していたので，自分の気に入った材料にいろいろな描画材を使って様々な表し方を試してみたり，一つの描画材を使っていろいろな材料に試してみたりする姿が見られた。

● 【知識・技能（技能）】記録に残す評価

　にじみを出そうと水彩絵の具を使っているが，うまくにじませることができない子供の姿を捉えて，水の量を調節するといいことやうまくにじみがでている友達の様子を見るようにと声をかけた。すると，布そのものに水をたっぷり含ませ，その上から水彩絵の具をたらして表していた。これは，表したいことに合わせて表し方を工夫していて，技能の能力が働いた姿であると捉えた。また，アクリル絵の具で，体全体を使って，筆をリズムよく動かし，麻布の上でかすれさせたり，たっぷり付けたりしていた。この姿も，麻布の特徴を生かして表し方を工夫している姿であると記録に残した。

3 材料を選んで，絵の具を使って表したいことを表す（2次）

　いろんな材料にいろんな描画材を使ってかく活動を終えた後に，大きめの材料を一つ選び，表したいことを表した。

　片段ボールに表している子供は，絵の具をたっぷり付けないと段ボールの溝の部分まで着色されないと言いながら，丁寧に色を塗っていた。その過程で，筆を速く走らせると出っ張った部分にしか色が付かず，まだらな模様ができることを発見し，上から重ねて色を付けることを思い付き楽しんで活動していた。

　気泡緩衝材に表している子供は，色を付けていくと，点描画のようになることに気付き，その点に色を並べていく活動を思い付いていた。隣接する点の色が重ならないように，色を並べてみたり，点を利用した模様を考えてみたりして様々な表し方を工夫していた。

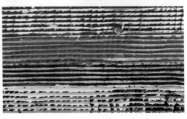

筆の走らせ方を楽しんだ作品

　ナイロン製のお弁当の包み紙に表している子供は，材料を探している時点で，表したいことを決めていた。その子供は，包み紙を手に取ったときに，裏から見る模様と表から見る模様が違って見えることに気が付いた。そして包み紙の花柄の模様を消すように色を上から重ねていた。周りの友達も教師も，その子供の活動を見て，始めはただ単に丸い形に色を塗っているだけだと思っていた。しかし，活動が進んでくると，

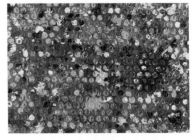

点を利用した模様を考えた作品

その子供は周りにいた友達に，「見て！」と包み紙を裏返して，浮き出てくる模様を見せていた。周りの友達の感動と驚きの表情を見たその子供は，自信いっぱいの笑顔で嬉しそうにしていた。

表と裏で見え方の違いを発見

●【思考・判断・表現（発想や構想）】記録に残す評価

　ナイロン製のお弁当の包み紙をよく見て，表と裏の感じの違いに着目しその特徴を生かして表したいことを見付け，表し方を考えている姿を捉え，思考力，判断力，表現力等が働いている姿であると記録した。また，その活動を見ていた別の子供に，「一つの材料でも，見え方が違ったり，色の付き方が違ったりする場合があるんだね」と声をかけると，持っていた気泡緩衝材をよく見はじめ，出っ張っている部分と凹んでいる部分では，絵の具を塗ったときの見え方が違うということに気付いた。いろいろな表し方などについて感じ取ったり，考えたりして自分の見方や感じ方を広げている姿だと捉え，記録した。

　また，材料の特徴から表したいことを見付けにくい子供には，材料の特徴を一緒に確認したり，絵の具に混ぜる水の量を変えてみたりすることを促したり，同じ材料を使っている子供の活動を見て回ったりしてイメージが広がりやすいよう個別で指導をした。

指 導を終えて ●●

　この題材は，普段から使い慣れていた画用紙とは違い，同じ描画材の同じ色を使っていても，かく材料によって様々な見え方がするので，子供たちはとても楽しみながら活動していた。材料がもつ特徴をうまく生かしたり，絵の具を工夫して使ったりすることで，偶然に面白い模様が浮かんだり，自分のイメージが広がったりと，子供たちの心が揺さぶられる場面が多かったように思う。自分が筆の使い方を変えてみたり，水の量を調節したりと，工夫すればするほど，様々な表現が生まれるので，子供たちは，「もっとやってみたい」「もっと工夫して表してみたい」「もっといろんな表現を見てみたい」などととても主体的に学習する姿が多く見られるようになった。決められたことを決められた通りにできる満足感ではなく，自分の思い付いたアイデアや自分の手から生まれた表現が，友達を驚かせ，感動させたということは，その子供の自尊感情を大きく高めることにもつながった。

（永井 麻希子）

【中学年】【立体】【全6時間】

森から生まれた世界
～ようせいの遊び場～

A 表現（1）イ，（2）イ，
B 鑑賞（1）ア，〔共通事項〕（1）ア，イ

1 題材の目標

① 「知識及び技能」

・自然材（枝や木の実，種など）を触ったり並べたり組み合わせたりする感覚や行為を通して，形や色などの感じが分かる。

・自然材や接着剤，小刀などを適切に扱うとともに，自然材の組み合わせ方や接着剤の経験を生かし，手や体全体を十分に働かせ，展示したい場所に合った遊び場やその遊び場に合った妖精の表し方を工夫して表す。

② 「思考力，判断力，表現力等」

・自然材や展示する場所から，感じたことや想像したこと，見たことを基に表したい遊び場や妖精を見付けることや，場所との関連を考え，形や色，材料などを生かしながら，どのように表すかについて考える。

・自然材の組み合わせ方，製作の過程，作品と場所との関連などの造形的なよさや面白さ，いろいろな表し方などについて，感じ取ったり考えたりし，自分の見方や感じ方を広げる。

・形や色などの感じを基に，自分のイメージをもつ。

③ 「学びに向かう力，人間性等」

・自然材と他の材料の組み合わせをいろいろ試しながら表現したり，友達の作品で遊びながら鑑賞したりする活動に取り組み，つくりだす喜びを味わうとともに，自然材の形や色に関わり楽しく豊かな生活を創造しようとする。

2 題材設定や指導の工夫について

　本題材は，自然材と他の材料を組み合わせて妖精の遊び場を立体に表したり鑑賞したりする活動を通して資質・能力の育成を目指すものである。

① 「知識及び技能」

「知識」の習得のために，多種多様な自然材を用意，それらに十分触れさせ，自然材の形や色，質感などに気付くようにした。

「技能」の習得のために，はさみや小刀，接着剤を使って，十分試しながら材料を切ったり組み合わせたりしながら，遊び場やそこで遊んでいる妖精を工夫してつくるようにした。

② 「思考力，判断力，表現力等」

「思考力，判断力，表現力等（発想や構想）」の育成のために，展示場所の地形や雰囲気に合った遊び場やその遊び場の形や色に合った妖精をどのように表すか考えるようにした。

「思考力，判断力，表現力等（鑑賞）」の育成のために，遊び場とそこで遊んでいる妖精を動かしながら，友達の作品の特徴や面白さ，いろいろな表し方などについて感じ取るようにした。

「思考力，判断力，表現力等（イメージ）」の育成のために，古墳に行き展示場所の特徴を捉えることで遊び場や妖精のイメージをもつようにした。

③ 「学びに向かう力，人間性等」

「学びに向かう力，人間性等」の涵養のために，写真入りのワークシートを作成する，十分な材料や用具を用意して試行錯誤するなどして，展示場所を意識できるようにした。

3 題材の全体計画 （全6時間）

時間	学習活動　☆子供の様子	○留意点　□評価の観点
1次 （45分）	古墳へ行き，自然材を集めながら，その場所にどんな遊び場があったら面白いか想像し考える。 ☆地形や雰囲気に合わせて面白い遊び場を考える。	○地形（斜面や段差など）や雰囲気（植物の形や色，光）を捉えながら，展示したい場所を決めるようにする。 □【思考・判断・表現（発想や構想）】指導に生かす評価 □【思考・判断・表現（発想や構想）】記録に残す評価
2次 （180分）	自然材の特徴を生かして，遊び場やそこで遊ぶ妖精の表し方を工夫して表す。 ☆材料の組み合わせ方を工夫して遊び場や妖精をつくる。	○友達の作品で遊ばせて，遊び場と妖精の関連について話し合いながら，表現を重ねることができるようにする。 □【知識・技能】記録に残す評価 □【思考・判断・表現（発想や構想）】記録に残す評価

3次 （45分）	つくった妖精の遊び場を展示場所に置き，友達と見合い，よさや面白さを感じ取る。 ☆古墳に展示された友達の作品を見て，自分の見方や感じ方を広げる。	○作品が展示場所の地形や雰囲気に合っているかに注目させる。 □【思考・判断・表現（鑑賞）】記録に残す評価 □【主体的に学習に取り組む態度】活動全体を通して把握し，最後に記録に残す。

4 評価規準

知識・技能	思考・判断・表現	主体的に学習に 取り組む態度
【知識】自然材を触ったり並べたり組み合わせたりする感覚や行為を通して，形や色などの感じが分かっている。 【技能】自然材や接着剤，小刀などを適切に扱うとともに，自然材の組み合わせ方や接着剤の経験を生かし，手や体全体を十分に働かせ，展示したい場所に合った遊び場やその遊び場に合った妖精の表し方を工夫して表している。	・形や色などの感じを基に，自分のイメージをもち，自然材や展示する場所から，感じたことや想像したこと，見たことを基に表したい遊び場や妖精を見付け，場所との関連を考え，形や色，材料などを生かしながら，どのように表すかについて考えている。 ・形や色などの感じを基に，自分のイメージをもち，自然材の組み合わせ方，製作の過程，作品と場所との関連などの造形的なよさや面白さ，いろいろな表し方などについて，感じ取ったり考えたりし，自分の見方や感じ方を広げている。	つくりだす喜びを味わい自然材と他の材料の組み合わせをいろいろ試しながら表現したり，友達の作品で遊びながら鑑賞したりする学習活動に取り組もうとしている。

5 材料や用具

□**教師**…自然材（どんぐり・松ぼっくり・あけび，種子，枝，蔓など），新聞紙，フローラルフォーム（花材オアシス），ホットメルト接着剤，きり，小刀，工作ばさみ，穴開けドリル

□**子供**…自然材，木工用接着剤

6 授業展開

1 古墳へ行き，面白い遊び場を想像する（1次）

　校庭にある自然豊かな古墳で，どんな枝や木の実，種があるのか，どんな形をしているのかなど自然材に十分触れるようにした。また，どんな斜面や段差，植物の枝振りがあるのかなど地形についてもじっくり見て触って確認した。

　まず，「この古墳にどんな遊び場があると面白いかな」と投げかけた。子供は「ジェットコースターのような滑り台」や「木の枝にぶら下がっているブランコ」，「この木陰に遊んだ後の休むベンチ」などとアスレチックをイメージしながら，友達と対話していた。さらに，「この枝の曲がり方が面白い」や「この木の実は形が変わっているけどよく転がるよ」，「この蔓はひものように使える」などと材料に目を向ける子供が多くいた。そこで，「自然材を使って，この古墳の地形に合う遊び場をつくろう」と提案した。子供は，探検隊のように，どの場所にしようか，どんな材料を使おうかと積極的に探し回っていた。場所から感じたことや想像したことを遊び場として形にしようとする思いが伝わってきた。

　次に，表したい場所を決めた子供は，斜面の角度や段差の大きさが分かるように，様々な視点からデジタルカメラで撮影した。同時に，「この木の実の形は面白い」や「この枝を組み合わせよう」などと対話しながら材料集めをしていた。そこで，製作中に意識できるようにその画像をワークシートに入れた。ワークシートには，遊び場のテーマや材料を記述できるようにした。

● 【思考・判断・表現（発想や構想）】指導に生かす評価

　地形（斜面や段差など）を生かしたり，雰囲気（植物の形や色，光）に合わせたりして表したい遊び場を考える姿を捉え，どう生かすのか，どう合わせるのか，どんな仕掛けがあるのかなど，子供の思いを聞くなどして指導に生かした。

● 【思考・判断・表現（発想や構想）】記録に残す評価

　展示したい場所を撮った写真や，ワークシートなどから，子供の発想や構想を把握し記録に残した。

2 地形に合った遊び場をつくる（2次）

　自然材の特徴を捉えるために，接着剤や小刀などの用具を使って，様々な表現に挑戦できるように試しの活動をさせた。その際，種類別にした材料コーナーを設置した。子供は，ホットメルト接着剤での接着・蔓や麻紐での接合・小刀や工作ばさみ，穴開けドリルでの加工を試し，

表現の多様性に触れることができた。

　「ドングリを横につないで柵にしよう」や「枝を組み合わせて梯子をつくろう」，「蔓と葉でハンモックをつくろう」などと試しの活動での経験を生かして表現していた。木工用接着剤では，接着面が少なかったり材料が重たかったりして，接着に時間がかかってしまうので，本題材では，ホットメルト接着剤を使用することとした。し

かし，この用具は大変高熱になるため，子供の視覚に入る場所に毎時注意喚起のポスターを掲示して，安全指導は徹底して行った。

　子供は，展示する場所の地形に合った遊び場を表現しようとワークシートにある写真を見たり，休み時間に実際に見に行ったりしていた。そして，試行錯誤を繰り返しながら，表現に取り組んでいた。その中で，段差の表現に困っている子供が多くいたので，花材であるオアシスというスポンジ（フローラルフォーム）を段差に見立てさせた。他にも，遊び場の一部分をつくる過程でオアシスを使い，枝を自立させたり，接着の補助にしたりしていた。

　子供は自分の表現を話したり，遊び場の遊び方を説明したりして対話をしていた。その中で，自分の思いと友達の表現を比べながら，つくり足したりつくりかえたりして，表現を広げ，深めることができた。

● **【知識・技能】記録に残す評価**

　子供の表現を見て，自然材の形や色の生かし方を理解しているかどうか把握し記録に残した。さらに，自然材を並べたり組み合わせたりして，自分の思いに合った形に表現できるように用具や接着剤を適切に扱っている姿を捉え，工夫した表現について聞くなどして記録に残した。

3　遊び場に合った妖精をつくる（2次）

　遊び場の特徴に合わせて，そこで遊んでいる妖精をつくった。「長い滑り台に合わせて，胴を細長くしたよ」や「登り棒の頂上から飛べるように羽を付けたよ」，「目の細かいジャングルジムで通り抜けられるようにツルツルのドングリを使ったよ」などと遊び場の特徴を生かした自分なりの妖精をつくっていた。『妖精』とすることで，人型にこだわることなく表現に向かうことができた。

　製作の進度状況を見て，できてきた妖精で互いに遊びながら鑑賞した。遊び場に合った妖精で友達に遊んでもらいながら，自分の思いを友達に伝えた。妖精を使って遊び場で遊ぶことを

通して，対話しながら鑑賞しさらなる表現につなげていった。
「手をもっと長くすると，雲梯がしやすそうだよ」や「足を太
くして，もっと高くジャンプできるようにしたら」など互いに
アドバイスする姿が見られた。その後，遊び場に工夫を加える
子供もいた。その姿から表現への思いの膨らみが感じられた。

● 【思考・判断・表現（発想や構想）】記録に残す評価
　遊び場と妖精の関連について話し合いをして，さらに発想や構想をしている様子を捉え
記録に残した。

4　展示する（3次）

　つくった遊び場と妖精を，古墳に持っていき，展示する場所
に置いた。子供は「場に溶け込んで，もともとあったかのよう
な感じがする」や「雰囲気にマッチしている」などと感じ取っ
ていた。また，古墳という少し未知な場所と妖精という不思議
な生き物が相まってより一層子供に感動を与えていた。子供は
友達と，地形と遊び場と妖精の形の関係について話し合ってい

た。そして，「もう少しここに枝を足そう」などと，その場で表現を足す子供が多くいた。

● 【思考・判断・表現（鑑賞）】記録に残す評価
　作品が展示場所の地形や雰囲気に合っているかに注目し語っている内容を把握し記録に
残した。

指導を終えて ●●

　低学年で多く目にする自然物を4年生という発達の段階の子供に扱わせることで，自然
物のもつ形や色の特徴について細かく捉えさせることができ，自然を大切にしたり，自然
に感動したりする気持ちを高めることもできた。製作では，「地形に合った遊び場」から
「遊び場に合った妖精」とイメージをどんどん膨らませることができていた。また，自然
材を十分に用意することで試しながら安心して表現することができた。

（山下　紘）

中学年 ｜ 立体 ｜ 全5時間

わたしの箱の物語

A 表現 （1）イ，（2）イ，
B 鑑賞 （1）ア，〔共通事項〕（1）ア，イ

1 題材の目標

① 「知識及び技能」

・自分の感覚や行為を通して，形や色などの感じが分かるとともに，材料や用量を適切に扱い手や体全体を十分に働かせ，自分の想像した物語の世界にふさわしいように，材料の特徴を生かして，材料の使い方や組み合わせ方など表し方を工夫して表す。

② 「思考力，判断力，表現力等」

・集めてきた材料から想像して自分が表したい物語の世界を見付け，形や色，材料などを生かしながら，どのように表すかについて考える。

・自分たちの作品の造形的なよさや面白さ，表したいこと，いろいろな表し方などについて，感じ取ったり考えたりし，自分の見方や感じ方を広げる。

・形や色などの感じを基に，自分のイメージをもつ。

③ 「学びに向かう力，人間性等」

・進んで想像した世界を立体に表したり鑑賞したりする活動に取り組み，つくりだす喜びを味わうとともに，形や色などに関わり楽しく豊かな生活を創造しようとする。

2 題材設定や指導の工夫について

　本題材は，想像した世界を立体に表したり鑑賞したりする活動を通して資質・能力の育成を目指すものである。

① 「知識及び技能」

　「知識」の習得のために，持ち寄った材料の触った感じや見た感じについて話し合ったことを『言葉のパレット』にまとめ，自分のつくりたい世界のイメージづくりや材料の選び方や使い方のヒントになるようにした。

　「技能」の習得のために，どんな色や形の材料を使ったり，組み合わせたりして表したいか

を問いかけ，友達と交流させる中で，様々な表現方法があることに気付かせるようにした。

② 「思考力，判断力，表現力等」

　「思考力，判断力，表現力等（発想や構想）」の育成のために，『言葉のパレット』を基に身の回りにある様々な材料を試しながら，材料の特徴を生かして，つくったり，形や色・組み合わせを工夫したりするようにした。

　「思考力，判断力，表現力等（鑑賞）」の育成のために，作品を基に，新しく気付いた材料の組み合わせ方や表し方について話し合い，自他の作品のよさに共感できるようにした。

　自分のイメージをもつために，紙粘土でお話の主人公をつくり，箱の中に入れてみることで，自分のつくりたい世界のイメージをもつことができるようにした。

③ 「学びに向かう力，人間性等」

　「学びに向かう力，人間性等」の涵養のために，事前に自分がすてきだと感じる材料を集めさせておき，箱の中にどんな世界をつくりたいか想像したことを発表させたり，グループで話し合わせたりして，つくる意欲を高めるようにした。

3　題材の全体計画（全5時間）

時間	学習活動　☆子供の様子	○留意点　□評価の観点
1次 （45分）	集めてきた材料からお話の世界を想像し，アイデアスケッチをかく。	○集めた材料を使って，箱の中にどんな世界をつくりたいか想像したことについて交流し，自分のつくりたい世界のイメージをもつことができるようにする。
2次 （45分）	お話の主人公をつくる。	○登場人物をつくることによって，物語の世界を発想させ，つくる意欲を高めるようにする。 □【主体的に学習に取り組む態度】記録に残す評価
3次 （90分）	箱の中に自分の想像した世界を表す。	○身の回りにある様々な材料を試しながら材料の特徴を生かしてつくるようにさせる。 □【思考・判断・表現（発想や構想）】【知識・技能】記録に残す評価
4次 （45分）	友達と作品を見合って，物語の世界や工夫したところを発表する。	○作品を基に，新しく気付いた形や色や材料の組み合わせ方や表し方について交流し自他の作品のよさに共感できるようにする。 □【思考・判断・表現（鑑賞）】記録に残す評価

4 評価規準

知識・技能	思考・判断・表現	主体的に学習に取り組む態度
【知識】自分の感覚や行為を通して，形や色などの感じが分かっている。 【技能】材料や用具を適切に扱うとともに，手や体全体を十分に働かせ，自分の想像した物語の世界にふさわしいように，材料の特徴を生かして，材料の使い方や組み合わせ方など表し方を工夫して表している。	・形や色などの感じを基に，自分のイメージをもち，集めてきた材料から想像して自分が表したい物語の世界を見付け，形や色，材料などを生かしながら，どのように表すかについて考えている。 ・形や色などの感じを基に，自分のイメージをもち，自分たちの作品の造形的なよさや面白さ，表したいこと，いろいろな表し方などについて，感じ取ったり考えたりし，自分の見方や感じ方を広げている。	つくりだす喜びを味わい進んで想像した世界を表現したり鑑賞したりする学習活動に取り組もうとしている。

5 材料や用具

□**教師**…箱，身辺材料，カッターナイフ，『言葉のパレット』，ホットメルト接着剤
□**子供**…箱，身辺材料，はさみ，接着剤

6 授業展開

1 集めてきた材料からお話の世界を想像する（1次）

　事前に自分がすてきだと感じる材料を集めさせておき，材料を触った感じや見た感じを十分に味わうようにして，どんな材料を使って，どんな世界をつくりたいかを想像した。また，箱の中にどんな世界をつくりたいか発表したり，グループで話し合ったりして，自分のつくりたいイメージをもつことができるようにした。

校庭で拾ったどんぐりを積み上げて貼る児童

集めた材料を仲間分けし，形や色，組合せを考えて貼った児童の作品

集めた材料を同じ種類ごとに台紙に並べて貼り，触った感じについて交流

集めた材料の触った感じ見た感じについて話し合ったことを『言葉のパレット』にまとめて，自分のつくりたい世界のイメージづくりや，材料の選び方や使い方のヒントになるようにした。

材料コーナー

『言葉のパレット』

2　お話の主人公をつくる（2次）

お話の主人公を紙粘土を使ってつくり，箱の中に入れることによって，お話の世界を発想し，つくる意欲を高めるようにした。材料から自分の表したい世界をイメージすることができなかった子供も，主人公をつくることで物語のイメージが広がり，つくる意欲を高めることができた。

主人公

仲良しの友だち（クワガタ）

● 【主体的に学習に取り組む態度】指導に生かす評価・記録に残す評価

これまでの題材で使った材料の残りを取っておいたり，校庭に自然の材料を拾いにいったりして，材料集めをした。様々な材料に触れ，その面白さや楽しさを感じ取ったり，味わったりすることで，どんな材料を使って，どんな世界を箱の中に表すのかイメージすることができた。また，材料から自分の表したい世界をイメージすることができなかった児童も，主人公をつくることで物語のイメージが広がり，つくる意欲を高めることができた。

3　箱の中に自分の想像した世界を表現する（3次）

自然材料の特徴を生かしたり，身近な材料を使ったりして，自分がイメージした世界を箱の中に工夫して表すようにした。自分の持っている材料の形や色・組み合わせ方を工夫してつくっている子供の作品を取り上げ，称賛することで，箱という空間の中にイメージした世界を表現しようとする気持ちを育てていくようにした。

自分の物語の世界を，どんな形や色の材料を使ったり組み合せたりして表したかを問いかけ，話し合わせる中で，様々な表現方法があることに気付かせるようにした。

「海の中の家にカーテンを付けたいな」

「このくらいの高さでいいかな」

「箱とふたを組み合わせて広くしよう」

「これはどうやって付けているの？」

● 【思考・判断・表現】【知識・技能】記録に残す評価

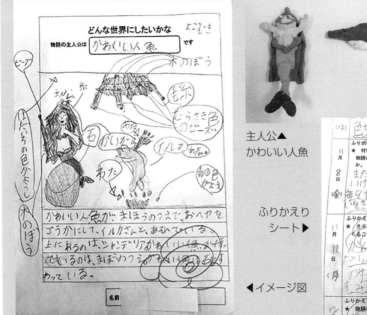
◀イメージ図

自分の想像した物語の世界にふさわしいように，表し方を工夫している児童の例

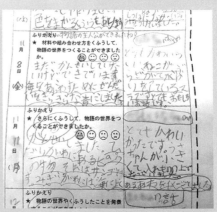

主人公▲
かわいい人魚

ふりかえり
シート▶

　子供は，主人公のかわいい人魚が「ふしぎなつえ」で豪華な部屋に変身させ，イルカと遊んでいる物語の世界を表した。最初のイメージ図では，木の棒とビーズを使ってシャンデリアをつくろうとしていたが，「もっと豪華な感じを出したい」と思いが出てきたので，材料コーナーや『言葉のパレット』を見てみるよう声かけをした。海の中の感じが出るように，

完成作品「ふしぎなつえ」

貝殻とモールでシャンデリアをつくった。

　毎時間の学習を振り返る「ふりかえりシート」は，製作過程が分かるように，作品の写真を取り入れるようにした。記入内容から子供の思いを把握し，記録に残した。

4　友達と作品を見合って，物語の世界や工夫したところを発表する（4次）

　毎時間，学習の終わりにつくった作品を見せ合い，物語の世界や新しく気付いた材料の工夫について発表した。また，作品ができあがった後に，国語科「組み立てにそって，物語を書こう」の学習と関連させ，物語づくりに取り組んだ。自分が表した物語の世界（写真）を挿絵にして，お話をつくり，物語を書いた。最後に，「“わたしの箱の物語”発表会」を開いた。

●【思考・判断・表現（鑑賞）】記録に残す評価

　学習の終末の交流では，発表する児童の箱の中がよく見えるように，実物投影機とテレビをつないで活用した。子供は，「○○ちゃんが毛糸で主人公を吊り下げていたのがヒントになった」「ドアを開けたら物語の世界が広がるように工夫していた」など，友達の作品を参考にして，自分の作品づくりに生かそうとする子供の姿が見られた。

　作品ができあがった後に国語科「組み立てにそって，物語を書こう」（『国語三下』光村図書）の学習と関連させることで，子供は意欲的に物語づくりに取り組むことができた。「“わたしの箱の物語”発表会」では，どの子供も自分の物語を嬉しそうにみんなの前で発表した。

国語科「わたしの箱の物語」

「わたしの箱の物語」発表会

指導を終えて ●●

　この題材を実践して，子供たちは，材料との出会いや製作活動の中で生まれたイメージを大切にしながら，自分が想像した物語の世界にふさわしいように材料や組み合わせ方などを意欲的に考えて表そうとしていた。この活動で大切なことは，子供たちの意欲を持続するために，つまずきに対して適切な支援をすることである。材料同士の質感や大きさが違うために，接合や接着の仕方を提示したり，試してみたりする場が必要であると考える。

（飯野　真由子）
低学年

中学年

高学年

中学年　工作　全6時間

集まれ，バネバネくん

A 表現（1）イ，（2）イ，
B 鑑賞（1）ア，〔共通事項〕（1）ア，イ

1 題材の目標

①「知識及び技能」

・自分の感覚や行為を通して，形や色などの感じが分かる。
・画用紙や粘着テープなどを適切に扱うとともに，前学年までの画用紙や接着剤などについて
　の経験を生かし，手や体全体を十分に働かせ，表したいことに合わせて表し方を工夫して表す。

②「思考力，判断力，表現力等」

・紙バネでできた形や動きを見て感じたことや想像したことから，表したいことを見付け，形
　や色などを生かしながら，どのように表すかについて考える。
・自分たちの作品の造形的なよさや面白さ，表したいこと，いろいろな表し方などについて，
　感じ取ったり考えたりし，自分の見方や感じ方を広げる。
・形や色などの感じを基に，自分のイメージをもつ。

③「学びに向かう力，人間性等」

・進んで紙バネをつくったり組み合わせたりして工作に表す活動や鑑賞する活動に取り組み，
　つくりだす喜びを味わうとともに，形や色などに関わり楽しく豊かな生活を創造しようとする。

2 題材設定や指導の工夫について

　本題材は，バネを使って工作に表したり鑑賞したりする活動を通して資質・能力の育成を目
指すものである。

①「知識及び技能」

　「知識」の習得のために，紙バネ用の画用紙は，厚さや幅，色の違うもの，バネを付ける土
台には，箱やトレー，紙コップなどを用意し，自由に組み合わせることができるようにした。
　「技能」の習得のために，紙バネ用の紙は，何度もつくりかえられる量を用意するようにし
た。接着剤や両面テープは，トレーや空き容器などと紙バネを貼り合わせることも考え，接着

96

力や用途の違うものを用意した。

②「思考力，判断力，表現力等」

「思考力，判断力，表現力等（発想や構想）」の育成のために，紙バネの動きから感じたことや考えたことを，話したり聞いたりする言語活動を設定した。また，そこでの子供の言葉を視点をまとめながら板書した。

「思考力，判断力，表現力等（鑑賞）」の育成のために，宇宙や野原，道路などに見立てた背景や台を用意し，製作の途中でもその場を使えることにした。そこで自分の作品を動かしてみたり，友達の作品と並べてみたりすることで，自分の作品を改めて見ることができるようにした。

「思考力，判断力，表現力等（イメージ）」の育成のために，アイデアスケッチをかく前に紙バネで遊ぶ時間を十分に確保するようにした。また，作品を並べる背景や台は，子供のアイデアスケッチを参考に用意した。

③「学びに向かう力，人間性等」

「学びに向かう力，人間性等」の涵養のために，始めに紙バネの基本的なつくり方を指導し，紙でできるバネの動きの面白さを全員で体験した。また，友達と一緒に作品を動かして遊べる場を用意し，最後にそこにみんなの作品を集合させるという見通しをもつようにした。

3 題材の全体計画（全6時間）

時間	学習活動　☆子供の様子	○留意点　□評価の観点
1次 （45分）	紙バネのつくり方を知り，その動きからどんな紙バネ人形ができるか想像し表したいことを見付ける。 ☆紙の厚さや太さを変えて，数種類の紙バネをつくる。 ☆どんな紙バネ人形にするか考え，アイデアスケッチをかいてみる。	○厚さや幅，色の違う紙で紙バネをつくり，動きを楽しんだ後に紙バネ人形をつくることを提案する。 □【知識・技能】指導に生かす評価 □【思考・判断・表現（発想や構想）】指導に生かす評価
2次 （225分）	・アイデアスケッチを基に，土台となる材料と紙バネを組み合わせて表し方を工夫して表す。 ☆箱やトレーなどと紙バネを組み合わせて，動きを試しながらつくる。 ・みんなの作品を集合させて，考えたことを伝え合う。	○宇宙や野原，道路などに見立てた背景や台を用意しておく。 □【思考・判断・表現（発想や構想）（鑑賞）】記録に残す評価 □【知識・技能】記録に残す評価 □【主体的に学習に取り組む態度】活動全体を通して把握し，最後に記録に残す。

知識・技能	思考・判断・表現	主体的に学習に取り組む態度
【知識】 自分の感覚や行為を通して，形や色などの感じが分かっている。 **【技能】** 画用紙や粘着テープなどを適切に扱うとともに，前学年までの画用紙や接着剤などについての経験を生かし手や体全体を十分に働かせ，表したいことに合わせて表し方を工夫して表している。	・形や色などの感じを基に，自分のイメージをもち，紙バネでできた形や動きを見て感じたことや想像したことから，表したいことを見付け，形や色などを生かしながら，どのように表すかについて考えている。 ・形や色などの感じを基に，自分のイメージをもち，自分たちの作品の造形的なよさや面白さ，表したいこと，いろいろな表し方などについて，感じ取ったり考えたりし，自分の見方や感じ方を広げている。	つくりだす喜びを味わい進んで紙バネをつくったり組み合わせたりして工作に表す学習活動や鑑賞する学習活動に取り組もうとしている。

5 材料や用具

□**教師**…色画用紙，厚口造形紙，ケント紙，工作用紙，両面テープ，割り箸，ストロー
□**子供**…はさみ，のり，工作マット，空き箱や空き容器など

6 授業展開

1 紙バネをつくり，動きを楽しむ（1次）

　細長く切った紙を交互に重ねて折ることで，反発力のあるバネになる。この題材で子供は，縦に伸び縮みしたり左右に揺れたりと，様々に形を変える紙バネの動きの面白さから，つくりたい紙バネ人形へと発想を広げていく。導入では，まず紙バネのつくり方を指導した。紙バネは，材料となる紙の厚さや幅によって，反発力や動きが変わる。そのため，目的によって選べるように色画用紙，厚口造形紙，ケント紙を用意した。また，バネをつくるために紙を 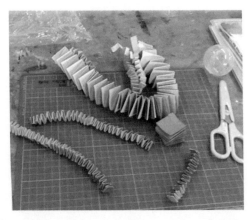折っていく際，紙の幅が均一になっていないと，直角に重ねていくことが難しいので，あらかじめ3種類の幅に切ったものを用意した。つくり方が分かると，子供たちはどんどん折り進め

て紙バネを長くしていった。長くなるにつれ，反発力が出てきたり，ゴムのように不思議な動きをしたりする。自然と「へびみたい」と動きや形からイメージしたことを話したり，「もっと上に跳び上がるようにしたい」と意図をもって材料を選んだりする姿が見られた。

> ● 【知識・技能（技能）】指導に生かす評価
>
> 　紙バネのつくり方を理解して自分でつくれるようになっているかを，活動の様子やできあがった紙バネを見て回った。交互に重ねていなかったり，裏側に重ねたりしている子供には，慣れるまで一緒に順番を確認しながら折るようにした。また，直角に重ねていくのが難しい子供には，工作マットの縦と横の線を使って折り進めるように声がけをした。

2　表したいことを見付ける（2次）

　まず，前時につくった様々な長さや太さの紙バネを持ち寄り，紙バネの動きを言葉に表したり，動きから想像したものを話したりする言語活動を行った。同じ動きを見ても，子供によって表す言葉や想像するものが違う。紙バネを動かしながら，「くねくね」「ぴょんぴょん」などと言葉に表すことで，動きをより面白く感じたり，「毛虫だ」「ロケットみたい」など，新しく思い付いたりする姿も見られた。子供の発言は，その後の活動にも生かせるように板書に残した。

　その後，自分がつくりたいと思う紙バネ人形を，アイデアスケッチに表す活動に入った。アイデアスケッチには，完成予想図と使いたい材料や用具などをかくことにし，つくりながら変えていってもよいことを確認した。子供たちは，紙バネを動かしたり，黒板の言葉をヒントにしたりしながら考えていた。次の時間から紙バネ人形をつくり始めることを確認し，紙バネを付ける土台となるものは，空き箱や空き容器，紙コップ，トレーなど，自分で使ってみたいものを家庭で集めておくことにした。

> ● 【思考・判断・表現（発想や構想）】記録に残す評価
>
> 　表したい紙バネ人形が思い付いているかを，発言やアイデアスケッチの進み具合などから観察し記録した。なかなか決められないでいる子供には，板書に残した「動きから想像したもの」を動物の仲間，虫の仲間，乗り物などと一緒に仲間分けをして，つぶやきを拾いながら思い付く手がかりとなるようにした。

低学年
中学年
高学年

3 紙バネ人形をつくる（2次）

　前時にかいたアイデアスケッチを基に，紙バネ人形づくりに入った。図工室の中央に，材料や用具を集めた材料コーナーをつくり，窓側には，宇宙や野原，道路などに見立てた背景や台を用意し，紙バネ人形を動かして遊んでみたり，作品を並べてみたりできるようにした。つくる活動が始まると，子供はアイデアスケッチを基に，空き箱やトレーに紙バネを組み合わせ始めた。製作が進んでくると，宇宙や野原のコーナーに行って動かしてみたり，お互いの作品を並べて話をしたりする姿が見られるようになった。野原のコーナーでは，2本足の紙バネ人形をつくっている子供が，立たせようとしても前後に倒れてしまうので困っていた。バネの足は，3本以上だと安定しやすいが，2本の場合は不安定になる。材料コーナーに行き，同じく材料を探していた友人に見せながら話をしていた。結局，割り箸を切って箱に貼り，前と後ろの重

さのバランスを調節して立つようにすることができた。他にも，バネの足の下に工作用紙を切って貼り，立つように安定させていた子供もいた。このようなつまずきは，事前に想定できるので，いくつかの解決策を教師があらかじめもっておき材料を用意しておけるとよい。また，材料コーナーや背景は，子供が移動する際の動線を考えて配置し，自然と友人の活動や作品を目にして発想や構想の交流につながるようにした。

> ● 【知識・技能】記録に残す評価
>
> 　つくっている様子を観察するとともに，材料コーナーでの会話や，材料を選ぶ様子を観察し記録に残した。活動が長く停滞している子供がいた場合，違う材料を試してみることや，同じようなことで工夫している友達がいないか見て回ることなどを提案するようにした。

4 みんなのバネバネくん大集合（2次）

　いよいよ，完成した全員の紙バネ人形を集合させる。まずは，宇宙，空，野原，道路と，好きな場所で自由に動かしたり，並べたりしてみることにした。宇宙の背景では，飛行機や宇宙人が揺れながら動く様子をみんなで楽しんだり，野原ではウサギとネコがジャンプして一緒に遊んだりする様子が見られた。

　友人と動かしているうちに，「先生，○○くんのバネバネくんすごいんだよ」と教えにくる子供が出てきた。

そこで，動かしたり並べたりを十分にした後に，友達の紙バネ人形のよさや面白さ，表し方の工夫などについての気付きを紹介し合う言語活動を行った。子供の発言から，「○○くんのUFOは，紙バネが上に付いていて回転しながら上下するようになっていた」「引っ張ると，中から飛び出す仕組みになっていた」など，一緒に動かして遊んだことで，見ただけでは分からないような工夫にも気付くことができていることが分かった。

　活動の最後に書いた振り返りカードには，話合いを基に，自分の作品を改めて見直して気付いたよさや，工夫した点，がんばったことなどについて書くことができていた。

● 【思考・判断・表現（鑑賞）】記録に残す評価

　友人と一緒に作品を動かして遊んでいるときの，行動や発言を観察し記録に残した。他の子供のよさを教えにきたときは，気付きを認め，全体に広めるような声がけをするようにした。また，その後の全員での言語活動の際の発言や反応，振り返りカードの記述も参考にした。

指 導を終えて ●●

　子供たちは，紙からバネがつくれるということに始めは驚き，自分でつくることができると，小さなペットができたみたいに触って動きを楽しんでいた。そして，「こんな紙バネ人形にしたい」というわくわくが顔に表れていた。思い描いた通りにつくるには様々な工夫が必要となることもあったが，方法を変え，材料を変え，友達に相談し，試行錯誤しながらできた作品を，満足げに友達と並べる姿を見ることができた。子供たちが，自分なりに納得がいく活動ができたと思える授業となるよう，今後も日々の実践に取り組んでいきたい。

（外崎　美佳）

中学年 **鑑賞，工作** **全10時間**

館山たから箱

A 表現（1）イ，（2）イ，
B 鑑賞（1）ア，〔共通事項〕（1）ア，イ

1 題材の目標

①「知識及び技能」

・自分の感覚や行為を通して，形や色などの感じが分かるとともに，海で集めたものや木を適切に扱い，前学年までの身近な材料を扱った経験を生かし，手や体全体を十分に働かせ，表したいことに合わせて表し方を工夫して表す。

②「思考力，判断力，表現力等」

・海で集めたものの形や色などの感じを基に自分のイメージをもち，表したいことを見付け，形や色，材料などを生かしながら，どのように表すかについて考え，自分たちの作品などの造形的なよさや面白さ，表したいこと，いろいろな表し方などについて，感じ取ったり考えたりし，自分の見方や感じ方を広げる。

③「学びに向かう力，人間性等」

・海で集めたもので宝箱をつくったり鑑賞したりする活動に進んで取り組み，つくりだす喜びを味わうとともに，形や色などに関わり，楽しく豊かな生活を創造しようとする。

2 題材設定や指導の工夫について

　本題材は，海で集めたもので宝箱をつくったり鑑賞したりする活動を通して，資質・能力の育成を目指すものである。

①「知識及び技能」

　「知識」の習得のために，材料を自分の視覚や触覚などの感覚を基に集めたり，それを並べたり組み合わせたりする等の行為を取り入れた。また，このような感覚や行為を通して，形や色，それらの組み合わせによる感じが分かるよう指導を工夫した。

②「思考力，判断力，表現力等」

「思考力，判断力，表現力等」の育成のために，自身で集めた材料を鑑賞させたり，それを並べたり組み合わせたりして生じた感情や気持ちを自身で味わうことができるようにした。また，自分の思い出や願い，経験や見たこと等の表現方法を考えられるようにした。

材料集めや製作の過程の段階では，友達との交流にも取り組み，作品などを表現したり鑑賞したりするときに生じた感情や気持ちを，他者と共有できる場も設け，自分の見方や感じ方を広げ，自分なりに対象や事象を味わうことができるよう工夫した。

授業終わりの鑑賞では，海の素材を用いた類似性の高いアーティストの作品も紹介し，自分が試みた形や色，表し方の工夫などを視点に鑑賞できるよう工夫した。

自分のイメージをもつために，卒業して東京に戻った際に，館山の思い出を，宝箱を通してどのように振り返る自分がいるかを想像させた。そして，今の楽しい思い出が確かに残るよう意識して製作できるよう工夫した。

③「学びに向かう力，人間性等」

「学びに向かう力，人間性等」の涵養のために，自分の資質・能力を発揮して友人と関わり合う時間を設けたり，自分の考えを大切にした鑑賞を設定したりする中で，自分の夢や願いをもち，楽しく豊かな生活を自らつくりだせるよう指導を工夫した。

3 題材の全体計画（全10時間）

時間	学習活動　☆子供の様子	○留意点　□評価の観点
1次 （45分）	学習計画を立てる。 ☆過去の経験を基に，自分が材料を集めたい海岸の場所を話し合う。	○製作の見通しがもてるようにする。
2次 （90分）	宝物を集める。 ☆自分が気に入った形や色の貝殻や廃棄物を集める。 ☆完成のイメージもちながら集める。	○1次の計画を意識しながら，現地で見つけた新たな発見や感動を大切にさせるようにする。 □【知識・技能】指導に生かす評価 □【思考・判断・表現】指導に生かす評価
3次 （270分）	宝箱をつくる・宝物を並べる。 ☆宝物を意識しながら箱をつくる。宝物を美しく見せる工夫を加える。 ☆宝箱本体の工夫と，宝物の色や形の魅力を組み合わせる。	○形や色を意識するような声かけをする。 □【知識・技能】記録に残す評価 □【思考・判断・表現】記録に残す評価
4次 （45分）	みんなで鑑賞する。 ☆友達やアーティストの工夫を知り，その世界観やアイデアを楽しむ。	○自分が試みた形や色，表し方の工夫などを視点に，比較できるようにする。 □【思考・判断・表現】記録に残す評価 □【主艇的に学習に取り組む態度】活動全体を通して把握し，最後に記録に残す。

4 評価規準

知識・技能	思考・判断・表現	主体的に学習に取り組む態度
自分の感覚や行為を通して，形や色などの感じが分かるとともに，前学年までの身近な材料を扱った経験を生かして，海で集めたものや木のような材料を，手や体全体を十分に働かせて扱っている。また，表し方などを工夫して，創造的に表している。	海で集めたものの形や色などの感じを基に自分のイメージをもち，表したいことを見付け，形や色，材料などを生かしながら，どのように表すかについて考え，自分たちの作品などの造形的なよさや面白さ，表したいこと，いろいろな表し方などについて，感じ取ったり考えたりし，自分の見方や感じ方を広げている。	つくりだす喜びを味わい，海で集めたもので宝箱をつくったり鑑賞したりする学習活動に進んで取り組もうとしている。

5 材料や用具

□**教師**…木材，釘，蝶番，ねじ　等

のこぎり，金づち，釘抜き，鉋，定規，木工やすり，紙やすり，ホットメルト接着剤，木工用接着剤

□**子供**…貝殻，廃品，流木，石，砂（海岸で拾い集めたもの），筆記用具，ビニール袋

6 授業展開

1　自分で学習計画を立てる（1次）

　子供の主体的な学びがどのようにすれば生まれるかを意識して題材を選んでいる。この授業を計画したのは，子供たちの「海に行きたい」「貝殻を拾いに行きたい」という一言がきっかけだった。地元だからこそ，子供たちはどのような特徴をもつ海で何を拾えるかを知っている。1次の学習計画では，その予備知識に合わせてどの海岸に行くのか自分たちで学習計画を立てる時間を取った。また，宝箱の完成イメージをもたせることによって，拾いたいものに目星を付けさせて計画をより具体化させることにした。

2　宝物を集める（2次）

　海岸に行くと，予想外のものが落ちていることが多い。特に今回は台風到来後の宝物集めの授業だったこともあり，貴重な貝殻が数多く見付かった。「工作に使ってしまうのがもったいないよ」と言いながら，子供たちは珍しいものばかりを夢中になって拾っていた。子供たちの

様子見ていると，宝箱ではなく，理科の標本箱のように
なってしまいそうであった。そのような中でも「これっ
てなんだろう」と面白い形の廃品を楽しみながら，それ
を材料として集める子供がいる。子供たちは，互いに拾
ったものを見せ合う中で，次第に材料としての捉え方が
洗練されてきているようだった。普段は色が鮮やかな摩
耗の少ない貝殻を拾っているが，摩耗しているものも形

や色のよさや面白さに注目して集めることによって，僅かな形の変化や色の魅力や違いも味わ
いながら拾うようになってきた。1次で見通しをもっているからこそ，大量に落ちているもの
の中から自分のイメージに合った材料を選択できているということもあるのだろう。

　ここで集められる宝物とは，材料のことだけを指すわけではない。友達と一緒に出かけた思
い出，珍しいものを拾った時に分かち合った感動も宝物になる。ここで得られた感動が，自分
のイメージを広げることや，拾った材料を大切にした製作に結び付いていくのだろう。

- ●【知識・技能（知識）】指導に生かす評価
　材料を種類分けするのではなく，自分が見た形や色，触覚等の感覚を基に集めている姿
を捉え指導に生かした。
- ●【思考・判断・表現】指導に生かす評価
　拾ったものの特徴を基に，友達や先生と見方や感じ方を交流を通して，どのように作品
に生かしたいかを考え，発想を広げている姿を捉え指導に生かした。

3　宝箱をつくる・宝物を並べる（3次）

①宝箱をつくる

　図工室に端切れの木材がたくさんあったため，それを用いて箱を製作させた。整わない形だ
からこそ，それを組み合わせるための子供たちの工夫は広がり，多様なアイデアが生まれてきた。
　製作中の友達同士の交流の中では「えっ，それお城の形にしているの。面白いね」「開いた
り閉まったりできる箱っていいね」などの会話も弾み，他者の作品のよさを認める場も生まれ
てきた。友達のよさを取り入れた活動をする子もいるが，それぞれが経験してきた館山の宝箱
にしまいたい思い出は違う。交流を通して生じた感情や気持ちは，自分の見方や感じ方をさら
に広げて多様なアイデアを生み出すことにつながっていった。箱が完成する最終段階になって
から「この箱，取り外し型になっていたんだ。面白い」とびっくりするようなアイデアを生み
出す子もおり，友達の工夫に感心していた。

②宝物を並べる

本学校の子供の特徴は，貝殻に詳しいことが挙げられる。多い子だと100種類近く貝殻の名前を覚えている。貝殻もただ美しいと眺めるのではなく，「メダカラが剥げてきて，ちょっと薄くなった紫色が好き」というように具体的なこだわりがある。〝工作に使ってしまうのがもったいない〟と言って貝殻を拾っていた図1の作品の子供は，「それでも思い出だから宝箱にはしまいたい」と言って，取り外しが可能な状態で大切に貝殻をしまっていた。これをきっかけとして，「貝の城」の中は，住み替えができるように移動できるものと固定されたものによって分けてつくられるようになった。思い出の取り外しも可能なのだ。

図1 「貝の城」

また，廃品に注目したのが図2の作品の子供だ。この子供は材料の形の特徴を意識して，それを組み合わせながら製作した。シャボン玉の空容器と割れた貝の肋を組み合わせたもの，陶器の破片と木材でつくった椅子など，発想が豊かだ。この箱は重箱のように3段重ねでしまえるようになっている。

図2 「りゅうぐう箱」

図3の作品を製作した子供は，貝殻の種類に最も詳しい子供だ。拾ってきたお子様プレートに，大好きな8種類のタカラガイを，形や大きさをテーマにして並べ分けている。ま

図3 「お子さまランチ」

た，珍しい緑のビーチグラスを野菜に見立てたり，形の似ている芋貝と巻貝をサザエの蓋に乗せたイカ料理にしたりするなど，材料の特徴についての知識を表現にもつなげている。

● 【知識・技能（知識）】記録に残す評価
　材料を自分が見た形や色，触覚等の感覚を基に並べたり，組み合わせたりしている姿を捉え記録に残した。

● 【思考・判断・表現（発想や構想）】 記録に残す評価
　材料の特徴を基に，自分の思い出や願い，経験や見たこと等の表現方法を考えたり，友

達や先生との交流を通して，どのように作品に生かしたいか考えたりし，発想を広げている姿を捉え記録に残した。

指 導を終えて ●●

　私が図画工作の授業をするのに最も時間を費やすのが，授業準備である。どのような題材にするかを子供の実態に合わせて検討することが最も難しく，それがすんなりと進めば授業は自然と流れるようにうまくいく。

　本題材の魅力は，子供に身近な材料を取り扱った鑑賞にあると考える。さざなみ学校の子供たちにとって海とは特別なものであり，それぞれがそこに特別な思いを抱いている。館山で寄宿舎生活をして過ごす東京生まれの子供たちは，窓の外に海がいつも見えていながらも，特別な機会がないと海に行けないため，海へのあこがれは強い。図画工作の学習を通して海に行けるという活動自体が，子供たちにとってはとっておきの思い出となり，そこで拾ってきたものは一生の宝物となるのだ。

　このような子供の興味関心は，館山だけでなく，全国各地の学校においても見付けられることなのではないか。木の実，石，家で使っているもの，使わなくなってしまったもの……なんでもいい。子供たちの興味や関心から，その材料を鑑賞する視点をもたせれば，面白いものが見付かるかもしれない。どんな形で，どんな色をしているのだろうか。鑑賞の視点から，発想や作品が生まれ，子供たちの感性が育っていくに違いない。

　図工室も館山宝箱になっている。図工室には，私が地域の山や海から拾い集めてきた材料が並んでいる。鑑賞の授業は教室環境から始まるものであり，自身の身近な生活から見付かるものであると思う。子供たちのそれぞれの経験と感動によって生まれた宝箱が，懐かしい思い出として残ってくれることを願っている。

さざなみ学校の図工室の様子

（上野　広祐）

チェンジ　ザ　スペース

A 表現（1）ア，（2）ア，
B 鑑賞（1）ア，〔共通事項〕（1）ア，イ

1 題材の目標

①「知識及び技能」

・自分の感覚や行為を通して，形や色などの造形的な特徴を理解する。

・活動に応じてコンピュータや身近にあるものを活用するとともに，これまでのコンピュータについての経験や技能を総合的に生かしたり，方法を組み合わせたりするなどして，活動を工夫してつくる。

②「思考力，判断力，表現力等」

・身近にあるものや空間などの特徴を基に造形的な活動を思い付き，構成したり周囲の様子を考え合わせたりしながら，どのように活動するかについて考える。

・自分たちの活動の造形的なよさや美しさ，表現の意図や特徴などについて，感じ取ったり考えたりし，自分の見方や感じ方を深める。

・形や色などの造形的な特徴を基に，自分のイメージをもつ。

③「学びに向かう力，人間性等」

・主体的に自分たちでつくった映像を投影して場所を変える活動や鑑賞をする活動に取り組み，つくりだす喜びを味わうとともに，形や色などに関わり楽しく豊かな生活を創造しようとする。

2 題材設定や指導の工夫について

　本題材は，自分たちでつくった映像を投影して場所を変える活動や鑑賞をする活動を通して資質・能力の育成を目指すものである。

①「知識及び技能」

　「知識」の習得のために，コンピュータを用いて，いろいろな形や色，動きを組み合わせながら思いや気持ちを表現できるようにした。

　「技能」の習得のために，思いや気持ちを幾何学模様に限定して作品づくりに取り組んだり，

作品を投影して平面だけでなく空間にも働きかける設定にしたりした。

②「思考力，判断力，表現力等」

　「思考力，判断力，表現力等（発想や構想）」の育成のために，普段目にする場所やものの特徴を生かして，コンピュータを活用して製作した動きのある幾何学模様を投影して，自分のイメージに合う新しい空間へとつくりかえていくようにした。

　「思考力，判断力，表現力等（鑑賞）」の育成のために，中間鑑賞を行い，友達の作品の動きや模様の美しさ，投影したものや場所の工夫などを感じ取り，自分の見方や感じ方を深めることができるようにした。

　「思考力，判断力，表現力等（イメージ）」の育成のために，製作した作品を投影したい場所（天井・階段など）やもの（コーン・傘など）を自由に想像させたり，作品の背景や色合いを変えさせたりできるようにした。

③「学びに向かう力，人間性等」

　「学びに向かう力，人間性等」の涵養のために，自分たちでつくった映像を投影して場所を変える活動や鑑賞活動を通して，新しい空間へと変化していく楽しさや美しさに気付くようにしたり，新しい空間をつくりだす喜びを味わうようにしたりした。

3 題材の全体計画（全7時間）

時間	学習活動　☆子供の様子	○留意点　□評価の観点
1次 （180分）	ヴィジュアルプログラミング言語の説明，動きや模様のつくり方を学び，作品づくりをする。 ☆「思いや気持ち」を，ヴィジュアルプログラミング言語を使って，幾何学模様で表現する。	○幾何学模様の形や色合い，動きがどのような思いや気持ちを表しているのかを考えるようにする。 □【知識・技能】指導に生かす評価
2次 （45分）	作品を壁や階段，天井などに投影して，空間に働きかける。	○思いや気持ちを作品にした後に，空間に投影することを伝える。 □【主体的に学習に取り組む態度】記録に残す評価
3次 （45分）	作品を場所やものへ投影して，自分のイメージに合うように，作品や空間をつくりかえる。 ☆自分のイメージに合うように，場所やものの特徴を生かしながら空間に働きかけていく。	○中間鑑賞を行い，投影する空間やものによって，感じに違いがあることを意識させる。 □【思考・判断・表現】記録に残す評価 □【知識・技能】記録に残す評価
4次 （45分）	鑑賞する。	○作品の形，色合い，動きや空間の工夫について考えるようにする。 □【思考・判断・表現】記録に残す評価

4 評価規準

知識・技能	思考・判断・表現	主体的に学習に取り組む態度
【知識】自分の感覚や行為を通して，形や色などの造形的な特徴を理解している。 【技能】活動に応じてコンピュータやその場所にあるものを活用するとともに，これまでのコンピュータについての経験や技能を総合的に生かしたり，方法などを組み合わせたりするなどして，活動を工夫してつくっている。	・形や色などの造形的な特徴を基に，自分のイメージをもち，身近にあるものや空間などの特徴を基に造形的な活動を思い付き，構成したり周囲の様子を考え合わせたりしながら，どのように活動するかについて考えている。 ・形や色などの造形的な特徴を基に，自分のイメージをもち，自分たちの活動の造形的なよさや美しさ，表現の意図や特徴などについて，感じ取ったり考えたりし，自分の見方や感じ方を深めている。	つくりだす喜びを味わい主体的に映像を投影して場所を変える学習活動や鑑賞をする学習活動に取り組もうとしている。

5 材料や用具

□**教師**…タブレット端末36台，プロジェクター10台，延長コード
□**子供**…傘・コーン・大玉など子供が投影したい対象物

6 授業展開

1　コンピュータを使って，思いや気持ちを幾何学模様で表現する（1次）

　まず，コンピュータ（ヴィジュアルプログラミング言語「viscuit」）を使って基本的な動きや模様のつくり方を学んでいく。第1時では，円がゆらゆらしながら移動する映像（図1）を見せ，子供たちに同じ動きを再現してみようと呼びかけた。子供たちは，どんなプログラムで動くのかを論理的に考えながら，試行錯誤していった。子供たちが再現した後に，教師が「どんなところが変更できるかな」と問いかけると，「形を変えると面白そう」「色を変えてみたい」「ゆらゆらを速くしてみたい」と形や動き，色合いなど自ら変更したいという思いをもって，学習内容を活用しながら作品づくりに意欲的に取り組んだ。（図2）

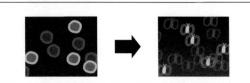

図1：ゆらゆらする映像　図2：子供がつくった作品

その後，同様の学習展開で，右の９つの技法（基本的な動き）を子供は身に付けていった。

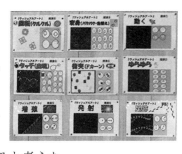

第４時では，これまで学習した動きや模様のつくり方を基に，「思いや気持ちを幾何学模様で表現しよう」というテーマで，作品づくりを行った。絵ではなく幾何学模様に限定することで，絵が苦手な子供にも取り組みやすくなり，形や動き，色合いがどのような思いや気持ちを表しているのか，理由を明確にできると考えた。

作品づくりでは，「弾ける気持ちを表現したい」という子供が，心の中からドキドキした気持ちが溢れてくる感じを表現したいと考えていたが，思い通りにプログラムができずに苦戦していた。しかし，９つの技法を参考にすることで，タッチすると中心からカラフルな丸や棒が飛び出して弾けるように動く作品をつくり上げ，本人は満足そうな表情であった。

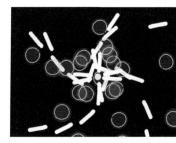

また，作品づくりに悩んでいる子供には，「まず，きれいな模様をつくってみよう」と声をかけて取り組ませた。その後，作品を見て，「どんなイメージがしてくる？」と尋ね，形や動き，色合いからどのような思いや気持ちがするのかを連想しながら作品を完成させていった。

●【知識・技能（知識）】指導に生かす評価

作品づくりの中で，色と色が重なった瞬間に，「すごい！　きれいな色になってる」と色が変化していく様子を捉え，三原色の仕組みについて指導した。また，「怒りはトゲトゲした形」「優しさは丸くてフニャフニャな感じ」など感情からイメージする形や動きの見え方を引き出して，思いや気持ちを形や動き，色合いを意識した表現へとつなげるようにした。

２　作品を壁や天井などに投影して，空間に働きかける（２次）

授業のテーマ「チェンジ　ザ　スペース」の意味を確認し，本時では「by yourself」が加わることで，自分自身で空間を変えていくことを伝えた。そして，教師が製作した映像をプロジェクターを通して天井に投影すると，子供たちは「プロジェクションマッピングみたい！」「天井が別の世界に変わった！」と驚きの声を上げ，自分たちの作品もいろいろな場所に映し出してみたいという気持ちが高まってきた。そこで，「映し出す空間を探しだそう」と本時の目標を提示し，自分たちが製作した作品のテーマに合った空間を見付けだすことを伝えて活動に移った。子供たちは，教室の天井や壁，階段などの凹凸を見付けて，いろいろな角度から作品を映し出していった。

「弾ける気持ち」をテーマに製作した子供は，天井や床など平面に映し出していたが，一気

に弾ける感じが伝わらず納得のいく表情ではなかった。そこで，凹みのある教室の隅やロッカーの中など狭い空間に映し出すことで，弾ける感じが伝わるのではないかと提案した。しばらくすると，天井の隅に映し出して，一気に弾けて迫ってくる様子を表現していた。（右写真）

また，「悲しみの渦」をテーマに製作した子供は，教室の壁や廊下の凹凸ではなく，普段目にする教室の時計や廊下にある消火栓の表示灯に目を付けていた。時計に映し出した時は，時空に吸い込まれる感覚，また，表示灯に映し出した時は，悲しみの中心部分（右写真）と，それぞれの意味を込めて新しい空間をつくりだしていた。

授業の終わりには，子供たちから「大玉のような丸いものや大きなコーンがほしい」「透明の傘に映し出したい」など，自分の作品のイメージにより迫りたいという思いが強くなってきたので，次時では，子供たちが投影したものを準備して授業に臨むことにした。

● 【主体的に学習に取り組む態度】記録に残す評価

　製作した作品の投影する場所を探す中で，「こんな場所に映したら，きっときれいなんだろうな」と想像を膨らませて，楽しそうに取り組む姿を捉え記録に残した。「どんな空間だともっとよくなるかな」と声をかけ，新しい空間をつくりだしていこうとする態度へとつなげた。

3　自分のイメージに合う空間をつくりだしたり，作品をつくりかえたりする（3次）

　導入では，これまでの作品づくりで気を付けてきた4つの観点（形・動き・色合い・空間）を振り返り，3つの映像を比較した。①②は同じ映像で，①は教室の壁に，②はコップのタワーに，また，③は映像の色合いや速さを変えてコップのタワーに投影した。

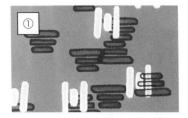

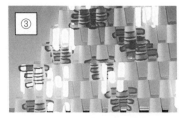

　①と②の比較では，子供たちは，同じ映像なのに映し出す場所によって見方が大きく変わることに面白さを感じたり，②と③では，同じ場所でも背景の色や動きの速さを変えることで感じ方が変わることに驚きを感じたりしていた。そこで，「作品を映し出す空間を工夫したり，作品をつくりかえたりしよう」という本時の目標を提示し，自分たちの作品を4つの観点から

工夫して，イメージに合うようにつくりかえていくことを伝えて活動に移った。

　「悲しみの渦」をテーマにした子供は，渦のように吸い込まれていくイメージを求めて，大玉やビニール傘など様々なものに試しながら，自分のイメージに合う空間を探し求めていた。その中で，写真のようにコーンを使うことで納得のいく見え方を見付けだした。教師の，「イメージ通り？」という問いかけにも，自信のある表情を見せた。さらに自分のイメージに近付けるために，渦の大きさや動きの速さを変えていった。

　その後の中間鑑賞では，友達から「コーンを使うことで，渦の感じが伝わる」と称賛の声や，「悲しみだったら，背景を濃い青にしてもいいのかも」と改善点を聞き，再び検討し始めた。すると，さらに自分のイメージを追求しようと，背景の色を変えて映し出す活動を繰り返して，より納得のいく作品へと仕上げていった。

　また，「複雑な感情」をテーマにした子供は，感情を青と紫の曲線で表現して，動きと模様が増えていく様子から複雑な気持ちを伝えていた。より複雑感を伝えようと，凹凸の多い階段に映し出すことで，自分のイメージに近づけていき，中間鑑賞では，友達からのアドバイスで，自分自身を作品の中に入れて映し出すなどして，変化していく空間を楽しんでいた。

● 【知識・技能】【思考・判断・表現】記録に残す評価
　身近にある天井や階段などの空間や，コーンなどのものの特徴に目を向けて，試行錯誤しながら映し出していく姿や，中間鑑賞の中で，互いの見方や感じ方の違いを実感する姿を捉え記録に残した。「どんなイメージ？」「イメージ通り？」と問いかけ，形・動き・色合い・空間の4つの観点を意識させながら，自分のイメージに合う作品や空間へとつくりかえていき，見方や感じ方を深めていけるようにした。

指導を終えて ●●
　コンピュータを使ったこの題材は，作品の形や色合いなどを何度でも簡単にやり直せたり，変えたりすることができ，これまで自分の思いを表現することが苦手だった子供も，楽しんで表現することができていた。また，動きや空間（場所・もの）を加えたことによって，見え方や感じ方の違いを実感し，自分のイメージに合う作品になるように追求したり，身近な空間がアートになることに気付くことができたりした。

（長谷川　献祐）

高学年　絵　全5時間

心にえがく木

A 表現（1）イ，（2）イ，
B 鑑賞（1）ア，〔共通事項〕（1）ア，イ

1 題材の目標

①「知識及び技能」

・描く行為を通して，形や色などの造形的な特徴を理解し，木炭の特徴を生かしながら，自分の思いに合わせて，黒の濃淡や形等の表し方を工夫して表す。

②「思考力，判断力，表現力等」

・木炭でできる黒の濃淡などの造形的な特徴を基に，自分のイメージをもち，木炭の特徴に触れ，感じたこと，想像したことから表したいことを見付け，黒の濃淡や形などから，どのように「木」を表すかについて考える。

・自分や友達の作品のよさや美しさ，表現の意図や特徴などを感じ取り，自分の見方や感じ方を深める。

③「学びに向かう力，人間性等」

・木炭と積極的に関わりながら，思い付いた木を表したり鑑賞したりする活動に主体的に取り組み，つくりだす喜びを味わう。

2 題材設定や指導の工夫について

　本題材は，木炭で想像した木を絵に表す活動を通して資質・能力の育成を目指すものである。

①「知識及び技能」

　「知識」の習得のために，木炭の濃淡と行為の結び付きに気付くような，声かけを積極的にした。

　「技能」の習得のために，何度でも木炭で試すことができるように，十分な量の木炭を準備したり，身体全体を使ってかく活動ができるように，大きな紙（木炭紙）を用意したりした。

②「思考力，判断力，表現力等」

　「思考力，判断力，表現力等（発想や構想）」の育成のために，木炭の使い方やかき方をいく

つか示し，工夫次第でいろいろな形や濃淡をつくることできることを示し，いろいろな使い方やかき方を考えたり，試したりできるように促した。

「思考力，判断力，表現力等（鑑賞）」の育成のために，活動の最後に作品をみんなで見合う時間を設け，互いの作品のよいところを見付けられるようにした。

「思考力，判断力，表現力等（イメージ）」の育成のために，活動の途中でお互いの作品を見合う時間を設け，友達のよいところを自分の作品に生かすように促すとともに，子供がイメージに関して発したつぶやきなどに着目し，例えば「〜みたい」「〜な感じがする」「〜に見える」などの言葉に対し，認めて声かけをした。

③「学びに向かう力，人間性等」

「学びに向かう力，人間性等」の涵養のために，イメージしたことや「こうしたい」という気持ちや思いを，受け止め認め，主体的な学習につながるようにした。

3 題材の全体計画（全5時間）

時間	学習活動　☆子供の様子	○留意点　□評価の観点
1次 （45分）	紙を黒く塗りつぶしながら，木炭に親しみ，その特徴を身体全体で感じ取る。 ☆身体全体を使って，大きな紙を木炭で真っ黒にする。 ☆何度も何度もかき，こすり付ける。	○何度も何度もかき，こすり付けないと紙が黒くならないことを伝えておく。 □【主体的に学習に取り組む態度】【知識・技能】指導に生かす評価
2次 （90分）	少しずつ自分の中に「木」のイメージを立ち上げていく。 ☆木炭で塗りつぶす，かく。 ☆手や消しゴムでこする，消す。	○いろいろな木炭の使い方やかき方があることを伝える。 □【思考・判断・表現（発想や構想）】指導に生かす評価 □【知識・技能】指導に生かす評価
3次 （90分）	自分が描く「木」が，より満足いくように，いろいろ試しながら，表現を深める。友達や自分の作品のよさや面白さを感じ取る。 ☆木炭の濃淡を工夫して表す。 ☆自分なりの形を工夫して表す。	○授業の始めに，自分のイメージをもつための鑑賞の時間，授業の終わりに，友達のよいところを見付けるための鑑賞の時間を設ける。 □【思考・判断・表現】指導に生かす評価 □【知識・技能】記録に残す評価 □【思考・判断・表現】記録に残す評価 □【主体的に学習に取り組む態度】記録に残す評価

低学年
中学年
高学年

4 評価規準

知識・技能	思考・判断・表現	主体的に学習に取り組む態度
【知識】木炭でかく行為を通して，形や色などの造形的な特徴を理解している。 【技能】木炭を活用し，その特徴を生かしながら，自分の思いに合わせて，黒の濃淡や形等の表し方を工夫して表している。	・木炭でできる黒の濃淡や，形などの造形的な特徴を基に，自分のイメージをもち，木炭の特徴に触れ，感じたこと，想像したことから表したいことを見付け，黒の濃淡や形などから，どのように「木」を表すかについて考えている。 ・木炭でできる黒の濃淡や，形などの造形的な特徴を基に，自分のイメージをもち，自分や友達の作品のよさや美しさ，表現の意図や特徴などを感じ取り，自分の見方や感じ方を深めている。	つくりだす喜びを味わい木炭と積極的に関わりながら，思い付いた木を表したり鑑賞したりする学習活動に主体的に取り組もうとしている。

5 材料や用具

□**教師**…木炭紙，木炭，新聞紙，フィキサチーフ（定着液），トイレットペーパー
□**子供**…消しゴム

6 授業展開

1　身体全体で木炭の特徴をつかむ（1次）

「大きな紙を木炭を使って真っ黒にしてみよう！」という教師の投げかけから始まった。

子供は，木炭を手に取り，大きな木炭紙に向かってこすり付け，ひたすら真っ黒になるまで塗り込んでいった。活動が始まってしまうと，一気に大きな紙が黒くなっていき，そこには，木炭が紙の上でこすれる感触や，紙と一緒に自分の手が真っ黒になっていくことを楽しむ姿があった。

始めのこの時間は，木炭という素材を自分の身体で知る上でとても重要になる。この時に，木炭が単なる絵をかく道具としてではなく，こすると真っ黒になる不思議で面白いものとして，子供が自分の身体で感じ，認識していくように，十分時間をかけてあげることが大切である。

● 【知識・技能】指導に生かす評価

　木炭を塗り込んでもなかなか黒くならない子供も数人いたが，手の平や指先，手の側面などいろいろな部分を使ってみることや，とにかく何度も何度もこすり付けていくようにアドバイスをした。

2　イメージを探る（2次）

　真っ黒になった紙を目の前に，そこに自分の心の中にある「木」を表していく。子供は考えながら，自分なりの「木」の雰囲気，佇まいを探っていった。子供によって「木」のあらわれ方は様々で，ゆっくりゆっくりあらわれる子。全く違う形があらわれては消え，消えてはあらわれる子。木炭の独特な濃淡に反応し，微妙な色合いを追求する子。形に意味をもたせ，一つ一つの線や面にこだわる子。など，千差万別・十人十色であった。

● 【思考・判断・表現（発想や構想）】指導に生かす評価

　「木」を描き始める初めの段階で，「木」のイメージの仕方を，教師から提案している。「暗—い森の中に入っていって，そこにある木の感触や大きさ，形などを手探りで見付けていく感じ」「暗い森の中だからどんな木か分からない。現実にはないような木の形でも，もちろんいいんだよ」という言葉で伝えた。また，「記号やマークのような木の形は，やめてほしいな」ということも伝えた。

● 【知識・技能】指導に生かす評価

　表し方について，「自分の手のいろんな部分や指先，または消しゴムを使って，白く消しながら形に迫ったり，木炭をこすり付けて黒でかいたりしながら表していこう」「何度も何度もかいては消し，消してはかき，を繰り返しながら，だんだん自分のいい感じに迫っていければいいからね」ということを伝えた。

3　鑑賞から表したいことのイメージを広げる（3次）

　3時間目の始まり，または5時間目の始まりに必ず，途中鑑賞の時間を設定している。この時間のねらいは，周りの友達の様々な表現方法に触れ，価値観の多様性に気付くようにし，一人一人の視野を広げること，そして，その後の活動の動機付けを行うことである。

子供からは，木炭の濃淡の美しさに目を向けた感想や，形の面白さについての感想，絵全体の雰囲気や木の周りの風景についての感想など，様々な違った視点から見た言葉が出てきた。子供は自分がいいと思う作品を探すことで，自分がかいてきたものを，少し客観的な目で振り返ることができていたようだった。

● 【思考・判断・表現（鑑賞）】指導に生かす評価

　この鑑賞の時間では必ず，子供に対し「いいなと思った作品をいくつか見付けてみよう」と呼びかけている。そして数人の子供に「どの作品がいいと思った？」「どんなところがいいと思ったの？」と質問し，木炭の濃淡や形の特徴から，思い浮かぶイメージなどを引き出しながら，全体で共有し，技能面と発想面のつながりを意識するようにした。

4　表現を深め，完成させる（3次）

　途中鑑賞の活動を挟んだ後，子供一人一人が自分の方向性を考え，友達のいいところを真似して見たり，表し方を工夫してみたりしながら，表現を深めていった。

　多様な表現があると知った上で，自分の表現にそれらの表し方を取り入れていくことは，たくさんの友達と一緒に行う造形活動の大きな意味である。自分のいい感じに近付けていくアプローチの仕方は様々で，大幅に絵の様子を変え

ていく子供もいれば，本当に少しずつ色や形を決めていく子供もいた。

　そして，この段階の子供の活動は，見て，描いて，また見る，というように自分の作品を「見る」時間が自然と多くなってきた。

　完成に向けた活動の中で，常に心がけていることは，つくったものに対し，子供自身が満足しているか，納得しているか，という点である。図工という教科の大きな特徴の一つとして，「ゴール」または「終着点」，自分なりの「答え」，を自分自身で決めることができるという点がある。

　今回の授業でも「終わりは自分で決めるんだよ。とても大事なことだから，よく絵を見て考えて，自分の気持ちとしっかり向き合って，自分の中の完成を決めてください」という言葉を

かけた。

　迷いながら考え，「先生，これで」と作品を持ってくる子，自信をもって「よし！」という感じで作品を持ってくる子，など，いろいろな子供がいた。

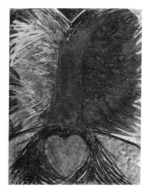

● 【思考・判断・表現（鑑賞）】記録に残す評価
　完成したら作品を教師のところに持ってきて，一人一人個別に対話をもつようにしている。その時，教師から「この作品の満足度は？」と聞くようにしている。この質問に子供が（〜％）で考えることで，自分が思うようにできた部分と，もう少し頑張りたかった部分を考えることができ，自分の活動をより具体的に振り返ることができた。

指 導を終えて ● ●

　子供が木炭に出会い，自ら働きかけることで，一人一人が自分の表してみたいことを見つけ，表し方を工夫しながら自分の表現を深めていく。多くの子供がこのような活動ができていたように思う。今回の活動を通し，より多くの子供が"自分から材料に働きかけながら，考え，つくり，つくりかえていく活動の面白さと充実感"を経験でき，次の豊かな造形活動につながると考えている。

　しかし，一方でまだ自分が表してみたいことがなかなか見付からず，密度のある造形活動に踏み込めないでいる子供もいる。今後の課題としては，より多くの子供が充実した造形活動を送れるように，一人一人の活動の見取りと同時に，その子の表現活動のペースに合った個別の手立てを考えていくこと。そして，一人一人の充実した表現活動が保証された全体の雰囲気づくりを，さらに力を入れて行う必要があると感じた。

（雨宮 玄）

高学年 絵 全2時間

おと・いろ・かたち

A表現（1）イ，（2）イ，
B鑑賞（1）ア，〔共通事項〕（1）ア，イ

1 題材の目標

① 「知識及び技能」

・自分の感覚や行為を通して，形や色などの造形的な特徴を理解するとともに，音から感じた
ことや想像したことに合わせて，材料を選んだり，構成の仕方を工夫したりして表す。

② 「思考力，判断力，表現力等」

・音から感じたことから自分の表したいことを見付け，形や色，材料の特徴，構成の美しさな
どを生かしながら，どのように表すかについて考える。

・自分たちが表した形や色などの，よさや美しさについて感じ取ったり，表現の意図を考えた
りして，見方や感じ方を深める。

・形や色などを基に，自分のイメージをもつ。

③ 「学びに向かう力，人間性等」

・音や材料と関わりながら，目に見えないものを形や色などで表現することに主体的に取り組
み，つくりだす喜びを味わうとともに，形や色などに関わり，楽しく豊かな生活を創造しよ
うとする。

2 題材設定や指導の工夫について

　「音」をきっかけに新たな見方や考え方を獲得し，価値をつくりだす題材である。「音」から
感じたことを思考し深められるよう展開を2つに分けている。展開1では，音を聞いて表し方
を考え材料や用具を試し，形や色で表せることを知る。また，友達の表現で同じ音から生まれ
る表現の多様さを味わい，見方や感じ方を広げる。展開2では，自分の表したい音を見付けワ
ークシートに言語化することで自らの思いを大切に，構成の美しさを生かした絵を表す。最後
に互いの作品の鑑賞を通して，音から感じ取った思いや表現の意図を考え，表した形や色など
の美しさを価値あるものとして捉え，豊かな人間性を育める題材となっている。

①「知識及び技能」

「知識」の習得のために,「音を聞いて表す」「音をイメージして表す」の2つの展開を設定した。

「技能」の習得のために,じっくり音を聞き,自分のイメージを形や色などの構成で表せるよう,材料や用具を選択して試行錯誤し,考える時間を取った。

②「思考力,判断力,表現力等」

「思考力,判断力,表現力等（発想や構想）」の育成のために,ワークシートに思い浮かぶ音を書いて言語化し,その音への自らの思いを深め,表しながら,立ち返れるよう工夫をした。

「思考力,判断力,表現力等（鑑賞）」の育成のために,自分のイメージをもてるよう,展開の途中で鑑賞の時間を設定し,同じ音から生まれる表現の多様さを味わい,見方や感じ方を広げるようにした。

③「学びに向かう力,人間性等」

「学びに向かう力,人間性等」の涵養のために,自分や友達のよさを味わい,生かせるよう展開ごとに鑑賞の時間を設定し,自分の生み出した価値を実感できるような振り返り活動を取り入れた。

3 題材の全体計画（全2時間）

時間	学習活動　☆子供の様子	○留意点　□評価の観点
1次 （30分）	音を,色と形で表そう。 ☆トライアングルの音を聞く 　「どんな色？どんな形？」 　聞いた音を,色と形で表そう。 ☆楽器の音のイメージに合わせて,材料の組み合わせや使い方を工夫して形や色で表してみる。 ☆観賞	○一人一人がイメージをもてるよう音をじっくり聞かせる。 □【主体的に学習に取り組む態度】指導に生かす評価 ○用具を音に合わせて選択できるようにする。 ○同じ音でもそれぞれの思いによって多様な表現ができることを知る。 □【知識・技能】【思考・判断・表現】指導に生かす評価
2次 （60分）	自分の表したい音を,色と形で表そう。 ☆学校の中で聞いた音の中から,自分の心に残る音を見付けよう。 ☆自分で考えた音のイメージに合う形や色,材料や構成の美しさを生かし表してみる。 ☆観賞	○自分の表したい音をワークシートに書き,思いを大切に活動できるようにする。 □【思考・判断・表現】記録に残す評価 ○自分や友達が表した形や色などの,よさや美しさを感じ取り,生かして表す。 □【知識・技能】記録に残す評価 □【主体的に学習に取り組む態度】記録に残す評価 ○音のイメージに合った形や色になったか,互いの表現のよさや美しさを感じとれたか。

低学年

中学年

高学年

4 評価規準

知識・技能	思考・判断・表現	主体的に学習に取り組む態度
【知識】自分の感覚や行為を通して，形や色などの造形的な特徴を理解している。 【技能】音から感じたことや想像したことに合わせて，材料を選んだり，構成の仕方を工夫したりして表している。	・形や色などを基に，自分のイメージをもち，音から感じたことから自分の表したいことを見付け，形や色，材料の特徴，構成の美しさなどを生かしながら，どのように表すかについて考えている。 ・形や色などを基に，自分のイメージをもち，自分たちが表した形や色などの，よさや美しさについて感じ取ったり，表現の意図を考えたりして，見方や感じ方を深めている。	つくりだす喜びを味わい音や材料と関わりながら，目に見えないものを形や色などで表現することや鑑賞する学習活動に主体的に取り組もうとしている。

5 材料や用具

□**教師**…展開１で使用する楽器（３種類），画用紙（大・中・小・短冊など），パステル，水入れ，共同絵の具，セロファン，アルミホイル，リボン，紙テープ，色画用紙端材，お花紙，ワークシート，名札

□**子供**…色鉛筆，パス，はさみ，のり，筆記用具

6 授業展開

1 「音を，色と形で表そう」「聞いた音を，色と形で表そう」（１次）

　展開１では，最初に音を聞いて色と形にすることを体験する。いきなり導入でトライアングルを鳴らすと，一瞬驚いた表情の子供たち。すぐに授業全体のめあて「音を，色と形で表そう」と展開１のめあて「聞いた音を，色と形で表そう」を伝えた。音を意識してイメージを形と色に表すため，もう一度トライアングルをじっくり聞く。目を閉じたり微笑んだりして音を味わっている様子が窺えた。聞いた音から音のイメージに合わせ絵の具の色を選択し，音を形と色で実際にかいてみる。できあがったものは，全員の見える位置に貼り見渡せるような鑑賞を行った。同じ音でも自分と友達との表し方や感じ方の違いを実感する大切な手立てになった。

次に楽器をアコーディオンに変えて，同様に音をじっくり聞いて表したものを鑑賞し，表し方や感じ方の多様さを知り，さらに深める様子が見られた。「音によって色が違う」「トライアングルは夜のイメージ，アコーディオンは線のような感じ」と，自分や友達の表現の違いや音によって表し方が変化することを感じ取っていた。

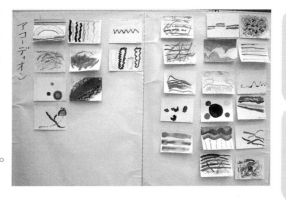

● 【主体的に学習に取り組む態度】【知識・技能（知識）】【思考・判断・表現】指導に生かす評価

　音と向き合って確かなイメージをもてるよう「①どんな感じ？　②どんな形？　③どんな色？　心で感じて考えてみよう」と声かけをし，一人一人が音のイメージをもって，感じたことを整理して表せるかを焦点化した。鑑賞では，「見てみてどう感じたか？　何か気付いた人はいますか？」と質問し，子供の目で発見したことを共有しながら，多様な表し方への広がりにつなげた。また，「この絵をかいた人は，どんな感じがしたか教えて」「どうしてこう思った？」と聞き，それぞれがどの様な思いをのせて音を表したのか，感じ方を深める様子を捉え指導に生かした。

2　「自分の表したい音を，色と形で表そう」（2次）

　展開2では，自分の表したい音を見つけて，思いをのせかいていく。学校生活の中で聞いた音から，心に残る音を見つけて表した。

●言語化して自覚する

　「学校の音で何か，思い浮かぶものあるかな？」と問いかけると目の輝きが変わり，子供が次々と手を挙げ「チャイムの音」「ボールの音」など，すぐに反応する姿があった。そこで，ワークシートを使って，思い浮かぶ音を何個でも記入し，その中から自分で表したい音を選択して印を付けた。そうすることで，自分の選択した音に思いをのせ

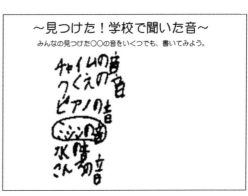

て，つくりながら思いがぶれずに立ち返る事ができるからだ。ワークシートは，常に目に触れられるよう机の上に置いておくと教師も子供の表したいことを知ることができ，活動の中での効果的な指導や声かけにもつながっていく。

●音に合った材料選び

選んだ音のイメージに合った紙の大きさや材料，用具をよく考えて選ぶ。紙のサイズは？　イメージに合わせて色を混ぜてつくろうか？　セロファンを重ねようか？ローラーで塗る？　など，ぴったり合うものを探して選んでいく。ワークシートで言語化したことで，自分の中の確かだと思える「この音だからこの表現！」という意志をもって取り組めている様子が見られた。

●思いと表したいことが一致する

その音を聞いた時の思いを深めるために自分の中の確かな思いを基に，その音のイメージをもって形や色，材料や用具の特徴，構成の美しさを生かしながら表し，新たに価値付けていくことは，子供にとって大きな意味がある。

●題名と作品の関連を意識付け・鑑賞・振り返り

活動を振り返るために，題名と感想を記入して絵の下に貼る。何人か抽出して題名を見せずに絵を見せ，作品からどんな音が感じられるか，音のイメージに合った形や色になっているかを味わう。そのあと題名の紹介をすると，巡回して鑑賞する時に題名と作品で感

『放課後の子供の声』

じたことを結び付けて見る手立てにもなる。また，自分の作品の気に入っているところを再確認したり，友達の作品のよさに気付いたりすることもできる。最後に全体の活動を振り返り，感じたことを記入し，自ら感じたことを発表することで，今回の目に見えないものを形や色で表現した喜びや面白さをともに感じている様子が見られた。

● 【思考・判断・表現】【知識・技能】記録に残す評価

　「この色を混ぜると体育館でバスケットボールが跳ねている音になりそう」など，子供のつぶやきからも自分で考えた音に，ぴったり合う形や色を表そうする姿を捉え記録に残した。「どんな感じがした？　どうしてそう思った？」と様子を見ながら，イメージを深め表せるような声かけも行い指導に生かした。

　鑑賞の際には「どんな音か考えてみよう。どんな時のどんな音だと思う？」と質問をすることで，音のイメージに合った形や色になっているか，作品からどんな音が感じられるか，という視点を示していくことができるとともに，友達の作品を巡回しながら鑑賞する際の題名と絵を関連付ける手立てにもなる。また「なぜ，このように表したの？」「友達の作品で気に入っているものは，ありますか？」と発問をし，互いの表現のよさや美しさを感じ取るとともに考える活動につなげた。それらの活動での子供の姿を捉え記録に残した。

指 導を終えて ●●

　約一年かけて「音」を題材に地区の図工部で授業の研究を重ねてきた。最初は既存の音楽や自然音を寝転がって聞き，その感覚を表現する活動を考えていたのだが，検証を重ねる中で子供にとっての必然性ある音が大事だということに考えが至り，みんなで共有できる「学校の中の音」を最終的に選んだ。

　実際に授業を行ってみると，私たち大人が思っている以上に生活の中で子供たちは「音」を身近に感じていて，聞いた時の思いをのせながら，形や色で表せる面白い材料だということを再認識することになった。指導を終えて，材料としての「音」は，子供が思考して思いを深め，表現する可能性のあるもので，これからは特別ではなく当たり前に扱われる「材料」になるのだろうと実感した。

『ミシンの音』

『待ち遠しい（給食ワゴンの音）』

（酒井　陽子）

高学年 | 立体 | 全5時間

鏡よ鏡〜鏡でアート〜

A 表現 （1）イ，（2）イ，
B 鑑賞 （1）ア，〔共通事項〕（1）ア，イ

1 題材の目標

①「知識及び技能」

・自分の感覚や行為を通して，形や色などの造形的な特徴を理解する。

・鏡に映る世界を表す活動に応じて，ミラーシートや紙を活用するとともに，表現に適した方法などを組み合わせたりするなどして，表したいことに合わせて表し方を工夫して表す。

②「思考力，判断力，表現力等」

・鏡に形を映して見たことなどから表したいことを見付け，形や色，構成の美しさなどの感じを考えながら，どのように主題を表すかについて考える。

・自分の作品，友達の作品の造形的なよさや美しさを感じとったり考えたりし自分の見方や感じ方を深める。

・形や色などの造形的な特徴を基に，自分のイメージをもつ。

③「学びに向かう力，人間性等」

・主体的に鏡の特徴を生かして立体に表す活動や鑑賞する活動に取り組み，つくりだす喜びを味わうとともに，形や色などに関わり楽しく豊かな生活を創造しようとする。

2 題材設定や指導の工夫について

　本題材は，鏡の特徴を生かして立体に表す活動や鑑賞する活動を通して資質・能力の育成を目指すものである。

①「知識及び技能」

　「知識」の習得のために，最初からミラーシートを扱うのではなく，理科の実験用具として扱う見慣れた1面鏡で，様々な角度や友達と鏡を合わせて映し出される対象物の面白さや不思議さ，構成の美しさなど造形的な特徴を理解するなど鏡と向き合う時間を多く取り入れ，日常的に見慣れている鏡の特徴に気付くようにした。

「技能」の習得のために，鏡に映すと様々な見え方に変化する形は，発想や構想にも大きく関わることから，図工タイムでカッターナイフを使い，色造形紙を切り抜く模様づくりに取り組んだ。また，接着方法についてのヒントコーナーを設けることで，表し方，表現方法などを工夫できるようにした。

②「思考力，判断力，表現力等」

「思考力，判断力，表現力等（発想や構想）」の育成のために，鏡のもつ特徴を最大限に生かすことで，形と色の組み合わせや配置，奥行きの感じを考えられるように，鏡はすぐに固定せずに角度を自由に何度も試すことができるように，すぐには接着しないように伝えた。

「思考力，判断力，表現力等（鑑賞）」のために，小グループで活動を進めることで，他の子供と会話をしたり，作品を見合ったりできるようにした。また，年度の初めからイメージしたこと，見たこと，伝え合いたいことを言葉で書き留めたりするスケッチブックを活用した。

③「学びに向かう力，人間性等」

「学びに向かう力，人間性等」の涵養のために，鏡の特徴に気が付くことで，新たな表現の工夫をつくりだす喜びを味わい，楽しく豊かな生活を創造しようとする態度を育成していくようにした。

3 題材の全体計画（全5時間）

時間	学習活動　☆子供の様子	○留意点　□評価の観点
1次 （45分）	鏡に映してできることを探し，発見したことをワークシートに書く。 ☆映し方を試すことで，反転や奥行きなどの造形的な特徴を見付ける。 ☆映された像は角度によって数が増えることに気付く。	○グループで活動してもよいことを伝える。 □【思考・判断・表現（発想や構想）】指導に生かす評価
2次 （135分）	鏡のもつ面白さ不思議さを生かし，形や色，構成の美しさを感じ表す。 ☆板目表紙にミラーシートを貼る。 ☆自分のイメージに合わせてカラー中厚造形紙を切って映してみる。 ☆鏡自体に貼ると映り方が面白いことに気付く。	○配置や大きさなどにより映り方が変わり，全体の構成に影響することを伝える。 □【思考・判断・表現（発想や構想）】記録に残す評価 □【知識・技能】記録に残す評価
3次 （45分）	グループで自分の作品を紹介する。 ☆鏡の特徴を生かしたよさについて意見交流をする。	○形や色などの表現の仕方を認識させる。 □【思考・判断・表現（鑑賞）】記録に残す評価 □【主体的に学習に取り組む態度】活動全体を通して把握し，最後に記録に残す。

4 評価規準

知識・技能	思考・判断・表現	主体的に学習に取り組む態度
【知識】自分の感覚や行為を通して，形や色などの造形的な特徴を理解している。	・形や色などの造形的な特徴を基に，自分のイメージをもちながら，鏡に形を映して見たことなどから表したいことを見付け，形や色，構成の美しさなどの感じを考えながら，どのように主題を表すかについて考えている。	つくりだす喜びを味わい主体的に鏡の特徴を生かして立体に表す学習活動や鑑賞する学習活動に取り組もうとしている。
【技能】鏡に映る世界を表す活動に応じて，ミラーシートや紙を活用するとともに，表現に適した方法などを組み合わせたりするなどして，表したいことに合わせて表し方を工夫して表している。	・形や色などの造形的な特徴を基に，自分のイメージをもちながら，自分の作品，友達の作品の造形的なよさや美しさを感じとったり考えたりし自分の見方や感じ方を深めている。	

5 材料や用具

□**教師**…板目表紙，ミラーシート，カラー中厚造形紙，カッターナイフ，カッターマット
□**子供**…はさみ，木工用接着剤

6 授業展開

1　鏡に映してできることを考える（1次）

　始めに，本題材は鏡を使うことを伝え，一人一枚鏡を渡した。そして，その鏡に映してできることを考え，発見したことをワークシートに書くようにと投げかけた。日常的にはよく見かける鏡だが，できることを聞かれると困っている子供が多かった。その実態から，まず鏡のもつ性質について考え，鏡でできることのイメージをわきやすくすることから始めた。鏡を受け取った子供たちは自分の顔を映すという日常的動作からものを映してみるなど，様々な映し方を試していた。そしてある子供が「反対に映るよ」という発見をした。その発見をきっかけに「映したものが増えるよ」「より遠くが映るよ」など像や反転，さらには奥行きまで発見できた。また，「協力してみてもいいですか」と言い，鏡を重ね合わせて像を増やし，角度によって像の数が変わることに気付いた。そこから，紙を自由に切って映してみる子供やものを置いて映った形で遊ぶ子供の姿が見られ，子供一人一人が自らの発想をもち，発想したことを表すこと

に喜びを感じていた。

　次の時間に鏡のもつ性質を生かせるように，反対側が映ること，反転して映ること，角度によって像の映り方が変わること，奥行きを感じることができることなどをしっかりと価値づけし，第1時を終えた。

様々な映し方を試す様子

●【思考・判断・表現（発想や構想）】指導に生かす評価

　反転して文字が映ることを試している子供がいる。「反転して映ったね。反転を生かして何かできないかな？」と声をかけると，「面白い形とかつくれると思うな」と，思い付いたことを形で表そうとした。発想が広がり，つくりだす喜びをもっと感じられるように声かけを行う。「じゃあ他には何かできないかな」「これもできたよ！」「鏡ってすごいね」という具合である。

2　鏡のもつ性質を生かし，工夫して表す（2次）

　まず第2時では，鏡の土台をつくることを伝えた。「角度を生かしたい！」という子供の声から鏡は2枚つなげたものにし，土台には板目表紙を使った。本題材は鏡を曲げた表現は意図していないので，ミラーシートを板目表紙に貼った鏡を用いた。土台をつくる段階ですでに映し方を確かめたり，ものを置いて感動したりする子供の姿が見られた。

　第3時の始めに鏡でできることを振り返った。鏡のもつ性質を造形活動に生かすためである。「反対側が映る」「反転して映るよ」「角度によって映り方が違うよ」「奥行きも出せたよ」という子供の言葉を4つに分け黒板に掲示した。そして，鏡のもつ性質を生かして，何をするのかを子供に話をする。「鏡のもつ性質を生かしてアートをするよ」と伝えた。本校では，朝の時間に「図工タイム」という15分で造形活動をする時間がある。その時間に「折り紙アート」として，折り紙を工夫して様々な形に切るという学習を行っていた。その影響もあり，すでに「なにか映すものをつくりたい」とつぶやく子供もいたように，意欲はかなり高まっている。

映る像を見て考えている様子

何を映すかは鏡を用意し，カラー中厚造形紙を鏡に映すことで実物と映っている像の紙の色が違うことを生かして実演をした。「この紙すごい！」「もう早くつくりたい！」とさらに意欲の高まりをねらった。最後に使った経験のある接着剤の使い方を確認し，カラー中厚造形紙の立たせ方の見本を黒板に掲示した。これは子供が発想したことを自由に表現できるための手立てである。

　造形活動に入ると自分の表したいものを夢中でつくる子供の姿が多く見られた。鏡のもつ性質を生かすという視点を忘れないように声をかけた。また，造形活動中に友達のよいところや視点（形・色・技）を再確認する意味を含め，「見て見てTV」を設置して友達の作品を見ることができるようにした。

　子供の工夫は様々である。「映ったときに形がきれい」「波が遠くに行っているように見える」など自由な発想を表すことに喜びを感じているようだった。

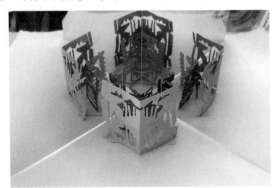

形を工夫した作品

見て見てTVで友達の作品を
鑑賞している様子

●【思考・判断・表現（発想や構想）】記録に残す評価

　「どうしたらこの形に切ることができたの？」のように，子供に思いや表現の工夫を聞くと自信たっぷりの顔で教えてくれる。作品を見たり会話を通して，発想や構想の様子を理解し記録していく。

　「自然を表したいから全体の色や形を考えながらつくっているよ」と映った形や色を全体の構成と何度も確認しながら豊かに発想を広げながら造形活動に取り組む様子が読み取れた。

3　友達の作品からよさを感じ取ったり考えたりし，自分の見方や感じ方を深める（3次）

　自分の机に完成した鏡のアートを置き，鑑賞させる。鏡のもつ性質がどこに生かされているかを視点に友達の作品を見るように声をかけた。「すごい！　この形を映すときれいに見えるのか！」「鏡に映っているこの色いいな！」「この形はどうやったらつくれるの？」など，形，色，技の視点で会話をする子供の姿が見られた。

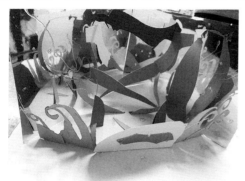 

完成した子供の作品

●【思考・判断・表現（鑑賞）】記録に残す評価

　友達の作品を楽しみながら鑑賞する中で，「この形どうやってつくったの？」など，形に着目する子供の発言が見られた。また，「先生もう少し時間ください」と思わず聞くほど，夢中になって鑑賞していた。友達の作品を見て感じたことを表現に生かそうとする姿などを捉え記録した。

指導を終えて ●●

　子供は，日常的に目にはしているが，意識したことがない「鏡」を図工で扱うということに，驚きながらわくわくしていた。どんな造形活動ができるのだろうという子供の意欲を大切に取り組むということを第一に考えていたので嬉しく思った。また，自由に鏡の面白さや楽しさを味わいながら夢中に活動に取り組む姿が見られ，それが子供一人一人が満足のいく，思わず飾りたくなるような作品につながった。「見て見て！」と家に持って帰って家族に見せる姿を想像して，図画工作を指導することの楽しさを実感できた。

（長尾 賢人）

高学年　工作　全6時間

君にとどけ
楽しい思い

A 表現（1）イ，（2）イ，
B 鑑賞（1）ア，〔共通事項〕（1）ア，イ

1 題材の目標

①「知識及び技能」

・自分の感覚や行為を通して，形や色などの造形的な特徴を理解する。

・表現方法に応じて板材や針金，電動糸のこぎりやペンチなどを活用するとともに，段ボールや絵の具などについての経験や技能を総合的に生かしたり，表現に適した方法などを組み合わせたりするなどして，表したいことに合わせて表し方を工夫して表す。

②「思考力，判断力，表現力等」

・これまでの学校内における楽しい経験から，伝えたい場所や表したいことを見付けることや，形や色，材料の特徴，構成の美しさなどの感じ，用途などを考えながら，どのように主題を表すかについて考える。

・自分たちの作品などの造形的なよさや美しさ，表現の意図や特徴，表し方の変化などについて，感じ取ったり考えたりし，自分の見方や感じ方を深める。

・形や色などの造形的な特徴を基に，自分のイメージをもつ。

③「学びに向かう力，人間性等」

・主体的に楽しい気持ちになる場所を伝えるプレートや飾りをつくったり，自分や友達の作品を飾りたい場所に飾って鑑賞したりする活動に取り組み，つくりだす喜びを味わうとともに，形や色などに関わり楽しく豊かな生活を創造しようとする。

2 題材設定や指導の工夫について

　本題材は，自分が楽しい気持ちになる場所を伝えるプレートや飾りをつくる活動や鑑賞する活動を通して資質・能力の育成を目指すものである。

①「知識及び技能」

　「知識」の習得のために，作品を飾りたい場所に飾って互いに見合い造形的なよさや美しさ，

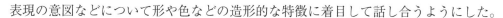

表現の意図などについて形や色などの造形的な特徴に着目して話し合うようにした。

「技能」の習得のために，前学年までの材料や用具についての経験を思い出すようにし，必要に応じて活用できるような場の設定にして，イメージに合わせて表し方を工夫できるようにした。

②「思考力，判断力，表現力等」

「思考力，判断力，表現力等（発想や構想）」の育成のために，自分にとっての楽しい場所を写真に撮り，伝えたいことについて全体で話し合う時間を設けた。また，表したいことのイメージをもつために，アイデアスケッチをかいて考えるようにした。

「思考力，判断力，表現力等（鑑賞）」の育成のために，授業の振り返りをする中で互いの作品を見合い，飾りたい場所についての伝えたい思いや表し方のよさについて話し合い自分の見方や感じ方を深めるようにした。

③「学びに向かう力，人間性等」

「学びに向かう力，人間性等」の涵養のために，下級生とそれぞれの場所で作品を鑑賞し，自分たちの作品が見る人の学校生活も楽しくすることを実感するようにした。

3 題材の全体計画（全6時間）

時間	学習活動　☆子供の様子	○留意点　□評価の観点
第1次 （45分）	自分が楽しい気持ちになる場所を伝えるプレートや飾りを考える。 ☆デジカメで楽しい場所を撮影し，その場所への思いを交流し表したいことを考える。	○自分にとっての楽しい場所を写真に撮って話し合うことで，表したいイメージがもてるようにする。
第2次 （180分）	身近な材料の形や色，用具の特徴を生かして，プレートや飾りをつくる。 ☆自分のイメージに合う材料を選ぶ。 ☆思いが伝わるように，これまでに学習した様々な材料や用具を使って表す。	○事前に使いたい材料を把握し，活動しやすい場所を設定する。 □【思考・判断・表現（発想や構想）】指導に生かす評価・記録に残す評価 □【知識・技能】記録に残す評価
第3次 （45分）	飾ってある互いの作品を見合い鑑賞したあと低学年を招待して作品を紹介する。 ☆伝えたい思いを表すために，どんな工夫をしたかを交流する。	○作品を飾り互いに交流する。 □【主体的に学習に取り組む態度】記録に残す評価 □【思考・判断・表現（鑑賞）】記録に残す評価

低学年

中学年

高学年

4 評価規準

知識・技能	思考・判断・表現	主体的に学習に取り組む態度
【知識】自分の感覚や行為を通して，形や色などの造形的な特徴を理解している。 【技能】表現方法に応じて板材や針金，電動糸のこぎりやペンチなどを活用するとともに，段ボールや絵の具などについての経験や技能を総合的に生かしたり，表現に適した方法などを組み合わせたりするなどして，表したいことに合わせて表し方を工夫して表している。	・形や色などの造形的な特徴を基に，自分のイメージをもち，これまでの学校内における楽しい経験から，伝えたい場所や表したいことを見付け，形や色，材料の特徴，構成の美しさなどの感じ，用途などを考えながら，どのように主題を表すかについて考えている。 ・形や色などの造形的な特徴を基に，自分のイメージをもち，自分たちの作品などの造形的なよさや美しさ，表現の意図や特徴，表し方の変化などについて，感じ取ったり考えたりし，自分の見方や感じ方を深めている。	つくりだす喜びを味わい主体的に楽しい気持ちを伝えるプレートや飾りをつくったり，自分や友達の作品を飾りたい場所に飾って鑑賞したりする学習活動に取り組もうとしている。 

5 材料や用具

□**教師**…板材，段ボール板，針金，ひも，釘，お花紙，梱包用平テープ，木の実や枯れ枝などの自然材，電動糸のこぎり，段ボールカッター，カッターナイフ，カッターマット，のこぎり，金づち，きり，木工用接着剤，クランプ，カラーペン，ペンチ，ラジオペンチ

□**子供**…絵の具セット，のり，はさみ

6 授業展開

1 つくりたいものを見付ける（1次）

1時間目には，これまでの学校生活での楽しい経験を交流した。「体育館でバスケットボールをしたときにシュートが入って逆転した」「図書室では今までに読んだことのないような面白い本に出会って夢中で読書をした」「怪我をしてしまって，保健室に行くと，養護の先生が楽しく話しかけてくださって

怪我の痛みがとれた」など，これまでの自分にとっての楽しい思い出が溢れるように交わされた。「その楽しかった気持ちを形や色を工夫してプレートに表し，低学年に伝えよう」と子供に投げかけた。

　次に，その楽しかった思い出の場所と思いをワークシートにかいた。低学年の友達にどんな楽しい気持ちを伝えるかを考え，表したいことのイメージをもつためである。そして，実際にその場所をデジカメで写真撮影した。その写真をお互いに見てグループで話し合いながらアイデアスケッチをした。友達と会話を交わす中で，自分だけでは思い付かなかった形や色で楽しさを伝える様々な工夫を次第に思い付いていった。これまでの図画工作科の授業の経験から，アイデアスケッチ通りにならなくても，それをメモとして活用する意識をもっているため，いろいろ考えて構想する様子が見られた。また，絵の具やはさみなど，次回に自分で使おうと思う材料や用具も確認していた。

> ● 【思考・判断・表現】指導に生かす評価
>
> 　なかなか表したいイメージがもてないＡ児には，もう一度休み時間にその思い出の場所に教師と一緒に行き，楽しさを伝えるにはどんな形の感じにしたいのか，どんな色の感じにしたいのかなどの話をした。Ａ児がつぶやく言葉をつなぎ合わせることで，表したいイメージがはっきりしていった。

2　子供が試しながら表す場の設定（2次）

　導入で「楽しい思いを低学年に伝えよう」という教師の思いを込めた題材名のプレートを用意した。材料や用具の特徴を生かしながら形や色を工夫してつくろうという意図が子供たちに伝わるように，板材や段ボール，針金といった材料で，電動糸のこぎりやラジオペンチを用いて使ってつくったものを提示した。そして，子供たちから，どんな材料や用具を使いたいかという思いを引き出

し，これまでに学習した材料や用具を使って思いに合わせてつくることを確認した。

　図工室で，6～7人のグループにしてお互いの作品が見合えるような場の設定にした。また，のこぎりやカッターなど刃物を使う場所，様々な材料を選べる場所，絵の具を使う場所をつくり，子供が安全で活動しやすいように配慮した。

　材料は基底材となる整った形の板材や段ボール板の他に，図工室に置いてある余った木切れや小枝，木の実や画用紙など，自分の表したい思いやプレートを飾る場所に合わせて選べるようにした。材料に触れる時間をつくることで，「釘で接着してくるくると回せるようにしよう」

など新たな発想をしている子もいた。しかしながら，最初は手探り状態で，いろいろ試してみるがなかなか自分の作品に取り入れられない姿も見られた。教師の「まずは，材料を使ってみて，組み合わせなどを試してみよう」という言葉に触発されて，多くの子供が活動しながら思いを広げていった。そして，どんどん工夫していき，その子なりの楽しい場所への思いが表れていった。

● 【知識・技能（技能）】指導に生かす評価

　アイデアスケッチでつくりたいイメージはあるが，なかなか手が動かない子供には，一緒に材料に触れながら，「この材料だったら，どんな工夫ができるかな」など，会話しながら活動を進めた。材料を基底材にいろいろ置いてみて試しながらつくるようにしたことで自分なりに工夫して活動することにつながった。

3　鑑賞したことを表現に生かす（2次）

　土台に絵をかくだけのパターンの子が数人いた。そこで，表しながらもっと発想が広がるように，4時間目の最初に，これまでつくった互いの作品を見合う時間を設けた。作品を見合う中で，「ものを凧糸で吊るす」，ボンドで板を張り合わせるだけではなく「針金でつなぎ合わせて角度が自在に変えられるようにする」などの発表から「動き」の視点を意識するようになってきた。そこからは梱包用平テープ

を使ってプールでみんなが泳いでいる時の波が動いているイメージでつくったり，カラーポリ袋を付けることで風を感じることができるようにしたりと表し方の工夫に広がりが見られるようになった。

　また，鑑賞するときに，楽しいイメージを明るい色を使うことで表現するだけではなく，「背景を暗い色にして表したい思いが引き立つようにした」などの発表から，色の組み合わせにも着目するようになった。そこから思いを伝えるための色の使い方についても子供たちの話題に上がり，互いの使っている色から，どのような思いが表れるかを自然に話し合う姿が見られるようになっていった。

● 【知識・技能（知識）】記録に残す評価

　形や色などの造形的な特徴を生かしているかどうかを捉え，記録に残した。生かせていない子供には，飾りたい場所に合わせて奥行きや動きを意識すると材料の生かし方が違ってくることに友達の発言などから気付くことができるような声かけをした。そのことによって，自分のイメージを基に，材料の使い方を変えている様子が見られた。

4　思いを伝える（3次）

　題材の終末にグループで作品を飾る場所を回って鑑賞の活動を行い，自分の楽しい思いをどう工夫して表したかを紹介し合った。「お花紙を使って立体感を出して楽しさを伝えるようにしたよ」「針金を生かして作品の見せ方を工夫したよ」などの友達の話を聞いて，材料の生かし方や表し方の工夫のよさ，作品への思いなどを感じ取っている様子が見られた。

　クラスの友達との鑑賞だけではなく，低学年にも紹介する機会を休み時間に設けた。低学年の子供たちが，「楽しい思い，聞かせて」と元気よく尋ね，5年生の子供たちはそれに答えるような時間になった。クラスの中では，控えめな交流しかできなかった子も，低学年を前に「私にとっての楽しい色のピンクをたくさん使いました」「高学年になれば図工の時間に，のこぎりなどの用具を学習します。使いこなせたら面白いよ」など，自分が表した作品についての楽しい思いを生き生きと話していた。

●【主体的に学習の取り組む態度】記録に残す評価

　自分のつくった作品が見る人の学校生活も楽しくすることを実感できるように，低学年にそれぞれの場所で作品についての思いや工夫を紹介するようにした。「早く図工室で学習したい」「音楽室でリコーダーをふいてみたい」などの低学年の様子に，改めて表現することの喜びを味わっていたようだった。

指 導を終えて ●●

　本題材は，これまでの5年間で学習してきた様々な材料や用具についての経験を生かして，自分の思いを形や色で表すようにした。「そのアイデア，先生は思い付かなかったよ」「とても工夫して考えているね」など教師が子供に前向きな言葉をかけたり，子供同士が工夫を見付け合ったりすることで，材料に触れながら新たに発想し表していく姿が見られた。これまでに十分に扱ってきた材料や用具だからこそ，一人一人が自分の思いを大切にし，工夫した作品ができたのだと思った。それぞれの学年において，一つ一つの題材で資質・能力をしっかりと身に付けることの大切さを改めて感じた授業となった。

（船木　慎也）

低学年

中学年

高学年

小さなお友達と

B鑑賞（1）ア，〔共通事項〕（1）ア，イ

1 題材の目標

①「知識及び技能」

自分の感覚や行為を通して，形や色などの造形的な特徴を理解する。

②「思考力，判断力，表現力等」

・仲間と「小さなお友達」が冒険している様子を紹介し合って，よさや美しさを感じ取ったり考えたりし，自分の見方や感じ方を深める。

・形や色などの造形的な特徴を基に，自分のイメージをもつ。

③「学びに向かう力，人間性等」

・主体的に「小さなお友達」を図工室で冒険させ，日常の風景を鑑賞する活動に取り組み，つくりだす喜びを味わうとともに，形や色などに関わり，楽しく豊かな生活を創造しようとする。

2 題材設定や指導の工夫について

本題材は，「小さなお友達」を図工室で冒険させ，日常の風景を鑑賞する活動を通して資質・能力の育成を目指すものである。

①「知識及び技能」

「知識」の習得のために，「小さなお友達」をものや場所に置くときに，状況設定，思いや願い，体全体の感覚を意識し構成するようにした。教師は子供が「小さなお友達」を置いたときに，「どんなイメージなの？」「小さなお友達の声が聞こえるとしたら，どんなことを言っていると思う？」と，子供が「小さなお友達」に気持ちを投影させるような言葉かけを行った。「小さなお友達」を通して，形や色などの造形的な特徴に着目するようにした。

②「思考力，判断力，表現力等」

「思考力，判断力，表現力等（鑑賞）」の育成のために，仲間の見方や感じ方を感じ取りなが

ら，互いの価値観を共有する時間を保証した。仲間と「小さなお友達」を冒険させている写真を紹介し合い，自分自身が捉えていない価値や意味に気付き，見方や感じ方を深めるようにした。

「思考力，判断力，表現力等（イメージ）」の育成のために，「小さなお友達」を冒険させる時間を多くとった。また，写真を見返すことで，イメージが広がるようにした。

③「学びに向かう力，人間性等」

「学びに向かう力，人間性等」の涵養のために，日常の風景に「小さなお友達」がいることで，見方が変わることを実感するようにした。授業の前後で世界の見え方が変わり，生活が楽しくなったり，身近なものや場所に愛着をもったりすることができるようになる授業を目指した。

3 題材の全体計画（全2時間）

時間	学習活動 ☆子供の様子	○留意点 □評価の観点
1次 （50分）	・「小さなお友達」を1人1体つくり，机の周りで冒険させる。 ☆はさみを「小さなお友達」の乗り物にしてみようかな。 ・冒険させている活動の様子の写真を見て，仲間の発想を共有する。 ☆「小さなお友達」の気持ちになって，写真を鑑賞する。 ・図工室や廊下で「小さなお友達」を冒険させて，写真に撮る。 ☆置く場所や，「小さなお友達」のポーズを工夫し，楽しく写真に撮る。	○どのようなイメージで「小さなお友達」を置いたのかを聞く。 ○活動の様子を写真に撮る。 ○先程の活動の写真を，テレビに映す。どのような様子に見えるか，子供たちが発言し，いろいろな見方や感じ方を知る。 □【知識・技能（知識）】指導に生かす評価 □【思考・判断・表現】指導に生かす評価 □【主体的に学習に取り組む態度】記録に残す評価
2次 （40分）	写真を1枚選ぶ。写真についての冒険の報告書を書き，鑑賞する。 ☆仲間の写真を楽しく見る。 　振り返りをする。	○鑑賞をするときの視点として①「『小さなお友達』の気持ちになる」②「ものや場所の使い方の工夫」を提示する。 □【知識・技能（知識）】【思考・判断・表現（鑑賞）】記録に残す評価

4 評価規準

知識・技能	思考・判断・表現	主体的に学習に取り組む態度
【知識】自分の感覚や行為を通して，形や色などの造形的な特徴を理解している。	形や色などの造形的な特徴を基に，自分のイメージをもちながら，仲間と「小さなお友達」が冒険している様子を紹介し合って，よさや美しさを感じ取ったり考えたりし，自分の見方や感じ方を深めている。	つくりだす喜びを味わい主体的に「小さなお友達」を図工室で冒険させ，日常の風景を鑑賞する学習活動に取り組もうとしている。

5 材料や用具

□**教師**…ケント紙（型を印刷したもの），図工室にあるもの，デジタルカメラ（1人1台），パソコン，カードリーダー，テレビ，ワークシート（冒険の報告書，振り返りカード）
□**子供**…はさみ，筆記用具

6 授業展開

1 「小さなお友達」と出会い，身近なものや場所に組み合わせ，特徴を捉えながらイメージを広げる（1次）

「今日は『小さなお友達』を連れてきました」

教師の両手の中から白い人形を登場させ，子供たちに紹介すると，とても興味津々の様子。

「『小さなお友達』を1人1体つくり，机の上や下などで『小さなお友達』にしかできない冒険をさせよう」と子供たちに提案すると「やったー！」「やってみたい」と目を輝かせ始め，人形の型を印刷した紙を配ると，真剣にハサミで切っていた。

「『小さなお友達』ができたら冒険へ行ってらっしゃい」

子供たちは，いろいろなポーズをさせながら「小さなお友達」に親しんでいく。「小さなお友達」をはさみの穴の中に入れて乗り物にしてみたり，机の下の狭いすき間に「小さなお友達」の足を入れてぶら下げてみたり，ものや場所の特徴を生かしながら思い付いたことを，進んで取り組んでいた。また，

仲間と一緒に活動し，面白いことを考えながら表現方法を工夫する様子も自然と表れた。教師は，子供が「小さなお友達」にどんな冒険をさせているのか，材料の特徴の生かし方について会話を通して聞き取り，日常の風景が子供たちなりの視点で変化していく面白さに共感しながら，価値付けを行った。

● 【思考・判断・表現】指導に生かす評価

　ものや場所の色や形，質感などを生かして「小さなお友達」を構成している子供に「どんな冒険のイメージなの？」と言葉がけし，子供の発言を記録したり，活動を写真に撮ったりした。

2　友達とイメージを共有する（1次）

　「先程の冒険の様子を，テレビで見てみよう」

カメラで記録していた先程の活動の写真をクラス全体で見て，子供の活動のよさを紹介しながら，今回の授業の3つのポイントについて話をした。

① 「ものや場所の使い方の工夫」

　先程の子供たちの活動で，ものや場所の特徴を生かして「小さなお友達」を冒険させていた写真をテレビに映し，紹介した。その写真から「どんな冒険をしているイメージ？」と全員に問いかけ，発表させた。いろいろなイメージをもった子供の意見を聞くことで，子供たちの見方や感じ方が深まっていくのが分かった。最後にその活動をした本人にも話を聞いてみると，「そうなんだ！」と見方が変化している様子であった。教師は発表者に，なぜそのようなイメージをもったのか根拠を聞き出し，意味付けし，それぞれの意見に共感をした。一人の意見を聞いて，同じように見えた人には手をあげてもらい，発表に対して子供たちがどのように思っているのかも見取るようにした。

② 「『小さなお友達』の視点や気持ちになることの重要性」

　テレビに映っている「小さなお友達」が冒険している写真に吹き出しの形を付けて，「小さなお友達の声が聞こえるとしたらどんな声かな？」と発問した。そのことで，子供たちが「小さなお友達」に自分を投影させて，イメージをさらに広げて発表することができていた。仲間の発想から刺激を受けてさらに「小さなお友達」のポーズやものや場所の構成をよく見て，自分なりの「小さなお友達」の声を進んで発表する様子が見られた。

③ 「こんなことをやってみたい，と思い続けることの大事さ」

　写真を紹介していく中で，ある子供が，筒の中に「小さなお友達」を入れて滑っているよう

にしたいが，始めはうまくいかなかったが，試行錯誤していくうちにイメージと合うものができていった様子を伝え，自分がこうしてみたいという思いをもち続けることの大事さを伝えた。

● 【知識・技能（知識）】指導に生かす評価

写真から色や形，材料の特徴を捉えながら，自分なりにイメージを広げたり，「小さなお友達」と自分を投影させて，気持ちを考えたりして根拠をもって発言している様子を捉えた。また仲間の見方や感じ方の良さについて，共感している子供も捉えるようにした。

3　カメラをもって，冒険へ出かける（2次）

「冒険している様子を，写真に撮ろう」

めあての確認と1人1台ずつカメラを渡し，使い方について説明をした。活動する範囲を，図工室と廊下に広げることを伝えると意欲が高まっていた。

デジタルカメラを使い，子供たちは，見上げたり，床に寝転んだり，意欲的に様々な見方を楽しみながら，場に働きかけていた。試して，関わって，見付けるサイクルが何度も繰り返しあった。「小さなお友達」を写真に撮り，「世界」を切り取ることで視

点が変わり，自他の作品に意味付けすることでまた新たな思いや発想が生まれ，次の活動につながっていった。気に入った写真が撮れると，写真を互いに見せ合い楽しむ様子もあった。

● 【主体的に学習に取り組む態度】記録に残す評価

ものや場所の色や形，質感などを生かして「小さなお友達」を構成している子供に「どんな冒険のイメージなの？」と言葉がけし，子供の発言を記録したり，活動を写真に撮ったりした。撮り方を工夫している子供にも，どのような思いがあるのかも聞き，記録したり写真に撮ったりした。

4　仲間とよさや美しさを共感し合う（2次）

お気に入りの写真を1枚選び，どんな冒険をしているのかを「冒険の報告書」に書き，班で一人ずつ写真について発表し合って鑑賞を行った。鑑賞では，他者を受けとめる寛容的な姿勢を身に付けられるように，教師が見本となって柔らかい雰囲気づくりに努めた。仲間の写真に興味をもって，互いの表し方のよさや美しさを見付けることができていた。次に，写真を発表する人を決め，写真をテレビに写して，クラス全体で鑑賞をした。ある子供の写真で，ブルーシートの金具の丸い穴に「小さなお友達」が入っている写真を見て「穴に落ちてびっくりして

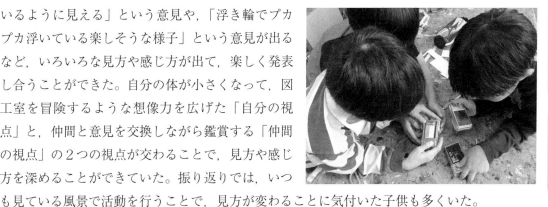

いるように見える」という意見や，「浮き輪でプカプカ浮いている楽しそうな様子」という意見が出るなど，いろいろな見方や感じ方が出て，楽しく発表し合うことができた。自分の体が小さくなって，図工室を冒険するような想像力を広げた「自分の視点」と，仲間と意見を交換しながら鑑賞する「仲間の視点」の２つの視点が交わることで，見方や感じ方を深めることができていた。振り返りでは，いつも見ている風景で活動を行うことで，見方が変わることに気付いた子供も多くいた。

低学年

中学年

高学年

● 【知識・技能（知識）】【思考・判断・表現（発想や構想）】記録に残す評価
　「冒険の報告書」シートに書かれた子供自身が撮った１枚の写真から，どんなイメージをもったのかをという見方や感じ方を捉えた。また「振り返り」シートから，この授業を通して見方が変わったり，いろいろな見方や感じ方があることを実感できたりしているかを捉え記録に残した。しかし，ワークシートに書かれていることだけではなく，子供との会話や活動も含めて評価の対象とすることを心に留めておく。

指 導を終えて ● ●

　授業後に，子供たちの見方や感じ方が深まり，日常の生活がさらに楽しくなってほしいという願いから，この授業づくりはスタートした。授業中では，教師の声かけ（＝評価），材料や技法などを提示するタイミング，活動の場や相互鑑賞の環境設定など，常に「題材のめあて（教師の願い）」に添っているのか立ち戻ることが大事であった。子供たちは，自分の視点や仲間の視点のよさ・面白さに気付くことで，自己の見方や感じ方が深まり，新しい価値や意味をつくりだし，世界の見方が楽しくなっていた。ものや場所の「見方」の変化は，今後の子供たちの作品づくりにも反映されることを願っている。

（梅野 淳子）

【編著者紹介】

岡田 京子（おかだ きょうこ）
東京家政大学 家政学部 造形表現学科 教授
東京都公立小学校教諭，主任教諭，国立教育政策研究所教育課程研究センター教育課程調査官，文部科学省初等中等教育局教育課程課教科調査官，文化庁参事官（芸術文化担当）付き教科調査官を経て，令和２年度より現職。専門は図画工作科教育。現在「育ちのための表現研究室」を立ち上げ，造形的な活動が子供の成長にどのように関わっているかについて研究している。

執筆者一覧
岡田 京子 東京家政大学
中下 美華 京都市立西京極西小学校
平野 玲奈 広島市立春日野小学校
門脇あずみ 中野区立塔山小学校
高橋 和也 高岡市立野村小学校
藤岡 奈々 墨田区立第四吾嬬小学校
安藤 健太 埼玉大学教育学部附属小学校
丹羽貴美恵 墨田区立曳舟小学校
宮内 愛 中野区立平和の森小学校
友田 節 八戸市立白山台小学校
永井麻希子 橿原市立鴨公小学校
山下 紘 名古屋市立豊岡小学校
飯野真由子 北九州市立三郎丸小学校
外崎 美佳 弘前大学教育学部附属小学校
上野 広祐 大田区立館山さざなみ学校
長谷川献祐 名古屋市立なごや小学校
雨宮 玄 あきる野市立東秋留小学校
酒井 陽子 町田市立鶴川第一小学校
長尾 賢人 川崎市立川中島小学校
船木 慎也 京都市立西京極西小学校
梅野 淳子 稲城市立平尾小学校

図工科授業サポートBOOKS
指導計画から授業展開までよくわかる！
小学校新学習指導要領 図画工作科
題材＆授業プラン

2020年10月初版第1刷刊 ©編著者 岡 田 京 子
発行所 明治図書出版株式会社
http://www.meijitosho.co.jp
（企画）木村 悠・小松由梨香（校正）川上 萌
〒114-0023 東京都北区滝野川7-46-1
振替00160-5-151318 電話03（5907）6703
ご注文窓口 電話03（5907）6668

＊検印省略 組版所 藤 原 印 刷 株 式 会 社

Printed in Japan ISBN978-4-18-315822-2
もれなくクーポンがもらえる！読者アンケートはこちらから